아프리카에서 화장품 파는 여자

스물여덟, 회사를 박차고 나와 아프리카 드림을 꿈꾸다!

아프리카에서 화장품 파는 여자

고유영 지음

슬로디미디어

아프리카를 이해하는 충실한 자료이자
아프리카 진출을 위한 지침서

많은 사람이 아프리카라고 하면 빈곤과 질병, 내전으로 신음하는 검은 대륙을 떠올린다. 하지만 내가 경험한 아프리카는 맑고 깨끗한 공기, 경제의 힘찬 호흡, 그리고 더 나은 미래를 향해 땀 흘리는 대륙이었다. 이제 아프리카 대륙은 도약의 길로 들어서는 기회의 땅이 되었다.

이런 아프리카의 새로운 움직임 속에 우리나라의 많은 기업인이 있다. 한국과는 다른 척박한 조건 속에서도 우리 기업인들은 자긍심과 열정으로 밭을 일구고 있다. 아프리카 뷰티 플랫폼 '푸라하'의 고유영 대표도 그런 사람이다.

고유영 대표를 처음 본 건, 봄기운이 새벽하늘을 가르던 날, 국회에서였다. 국회에서 열리는 '아프리카새시대포럼' 아침 세

6

미나에서 강연을 위해 들른 고유영 대표는 요즘의 젊은 사람과는 다른 무엇이 있었다. 편견을 뛰어넘는 용기, 두려움 없는 도전, 어느 것 하나 허투루 하지 않는 면밀함이 느껴졌다. 특히 고유영 대표의 진면목은 아프리카를 사랑하고, 새로운 사업 아이템을 끊임없이 찾고, 자신이 얻은 값진 경험을 나누며 발전을 도모한다는 것이다.

아프리카 여행 지침서 《넘버원 아프리카》을 펴낸 데에 이어 국내 최초 아프리카 뷰티 스타트업의 여정을 담은 《아프리카에서 화장품 파는 여자》를 집필해 세상에 내놓는다니, 그 열정에 다시 한 번 놀란다. 《아프리카에서 화장품 파는 여자》는 아프리카에 대한 사업 경험뿐 아니라, 아프리카에 대한 열정을 담은 책이다. 아프리카인의 생각, 관습, 관행, 환경에 대한 기록들이 그들을 이해하고, 다가갈 수 있는 귀한 자료가 될 것이며, 아프리카에 도전하는 사람에겐 더없이 좋은 지침서가 되리라 믿는다.

이 책이 제2의, 제3의 고유영을 낳을 출발선이 되리라 확신한다.

국회부의장, 국회 아프리카새시대포럼 회장 이주영

도전과 열정이라는 단어가 너무나 잘 어울리는 그녀, 고유영. 아프리카의 낯선 땅에서 시작하는 그녀의 진솔한 글은, 아프리카가 얼마나 가능성이 많은 땅인지, 열정이 얼마나 많은 일을 가능하게 하는지를 일깨운다. 그녀의 브랜드는 앞으로 한국-아프리카 비즈니스를 주도하는 스타트업으로 성장할 것이다. 이 책이, 아프리카에 혹은 새로운 무언가에 도전하는 사람들의 열정에 불을 지피길 바란다.

한국-아프리카재단 이사장 최연호

가난, 내전, 기아, 불평등… 아프리카에 대한 편견을, 주목할 만한 솔직함으로 풀어나간 고유영의 식견에 찬사를 보낸다. 그녀의 브랜드이자, 아프리카 뷰티 플랫폼 '푸라하'가 아프리카 여성들에게 희망이 되길 바란다. 또한, 아프리카 문화, 여행, 사람들에 대한 거침없고 생생한 표현이 담긴 이 책을 통해 많은 사람들이 아프리카를 꿈꿨으면 한다.

《어떻게 나를 차별화할 것인가》 저자 김우선

우리나라는 아프리카에 대한 관심이 낮은 편이다. 그러나 풍부한 자원과 개발 가능성이 무한한 아프리카에 대해 정부는 정부대로, 기업과 민간은 그들대로 인식의 틀을 바꾸고, 상호 동반자적인 관점으로 협력할 필요가 있다. 이러한 시점에 아프리카 시장에 도전장을 내민 청년 사업가 고유영의 진솔한 이야기는 우리의 눈과 귀를 활짝 열게 해준다. 그녀의 도전 정신은, 한때 우리가 자랑으로 삼았던 해외시장 개척을 위한 불굴의 정신이자, 우리 기업가들의 DNA가 건재함을 보여준다. 이 책《아프리카에서 화장품 파는 여자》는 고유영 대표가 아프리카 국가들과 비즈니스를 해오며 겪은 경험과 솔직한 생각을 여과 없이 보여주고 있어 아프리카를 꿈꾸는 젊은이들에게 길잡이가 될 수 있으리라 생각한다. 아프리카 뷰티 플랫폼 '푸라하'가 성공하는 스타트업이 되길 바란다.

KOTRA 라고스 무역관장 편보현

좋은 직장을 박차고 아프리카로 향한 고유영 대표의 도전 정신과 경험이 아프리카 시장을 여는 남다른 해법을 제공하리라 기대합니다.

코트라 나이로비무역관장 전미호

모방으로 성공하느니

독창성으로 실패하는 것이 백번 낫다.

— 허먼 메빌(Herman Melville) —

나는 20대에 청년 실업자였다. 아프리카 여행이 끝나고 일
상으로 돌아오니 무기력함이 들이닥치고, 매일 반복되는 일상
에 짜증을 느꼈다. "사업은 아무나 하는 게 아니야." 사람들의
말처럼 나도 사업하는 사람은 따로 있다고 생각했다. 사업을
시작하려면 자본과 능력은 기본이고, 인맥, 학벌 등도 부수적
으로 꼭 필요하다 생각했다. 그래서 가진 게 아무것도 없는 내
가 사업을 한다는 건 무모함에 가까웠다. 하지만 나는 아프리
카에 다녀온 후, 별 고민하지 않고 아프리카 사업에 뛰어들었
다. 이유는 간단했다.

내 20대가 얼마 남지 않았기 때문이다. 스물여덟 살, 실패가 두려워 시작조차 하지 않기에는 너무 아까운 나이였고, 핑계를 대기엔 후회할 것 같았다. 명문 대학을 나온 친구들 모두 취업 준비생이거나, 이미 회사에 다니고 있었다. 그런 친구들에게 내가 스타트업을 하겠다고 하니, 역시나 갸우뚱했다. 그중 솔직한 친구들 몇몇은 '실패'라는 단어를 몇 번이나 언급했다. '다들 내가 실패할 거로 생각하는구나….'

벤처기업조차 기술 개발에 성공했더라도, 사업화 단계에 이르기까지는 '죽음의 계곡Death valley'이라 불리는 어려움을 넘어야 한다. 전문가들은 이 죽음의 계곡 기간을 3년으로 본다. 3년을 넘길 수 있느냐, 없느냐가 사업의 지속성을 결정한다고 한다. 그래서 나는 성공까지 3년 4개월을 잡았다.

> 나무를 베는데 6시간이 주어진다면,
> 먼저 4시간 동안 도끼를 갈겠다.
>
> – 에이브러햄 링컨(Abraham Lincoln) –

내가 좋아하는 명언이다. 나는 2년 5개월간 도끼를 갈기로

했다. 당장에 수입은 없지만, 진출하고자 하는 국가를 공부하고, '푸라하'의 인프라 확장에 시간을 투자했다. 그리고 감사하게도 2년 5개월이 지나자 많은 기회가 찾아오기 시작했다. 그렇게 지금은 조금씩 나무를 베고 있다.

"고 대표님." 하고 불릴 때마다 익숙지 않다. 회사를 운영하고 있으니 대표는 맞지만, 아직도 대표라는 직함과 나와의 거리는 멀다. 낮에는 도서관에서 사업 관련 책을 읽거나 스타트업 교육에 참석하고, 저녁에는 아르바이트를 했다. 주변 사람들이 나를 의심했을지 모르겠다. 나를 믿어주는 사람은 가족뿐이었다. 특히 엄마는 내가 할 수 있는 일을 찾아 다행이라며 무언의 지지를 보내곤 하셨다.

재능 기부로 특강을 나가고는 하는데, 우리나라의 대학생들은 아직까지 창업에 큰 관심이 없는 것 같다. 그러나 청년들에게 중요한 것은 자립이다. 자신이 무엇을 잘하고, 좋아하는지를 찾을 시간이 필요하다. 꼭 여행을 통해서만 나를 찾을 수 있는 것은 아니다. 다른 분야를 공부하거나, 취미를 갖는 것, 아니면 사색하는 것도 방법이다. 부모님도 자녀의 능력을 의심하지 말

아프리카에서 화장품 파는 여자

고, 믿고 기다리는 시간도 필요할 것 같다.

지금 가장 아름다운 하루를 보내고 있음에 감사하자. 오늘의 경험은 돌아오지 않는다. 우리에게 내일은 오지만, 어제는 돌아오지 않는다. 이 책이 진로를 고민하는 사람들에게, 그리고 글로벌 진출을 희망하는 사람들에게 도움이 되었으면 한다.

내가 내 삶의 주인공임을 깨닫게 해주고, 끊임없는 응원과 격려를 보내는 가족들과 나를 가장 사랑해주는 마비스, 행복한 일을 할 수 있음을 허락하신 주님께 감사와 사랑을 전한다.

2019년 4월
고유영

PART 1

해발 5,895m
킬리만자로에 도전하다

PART 2
아프리카 드림을
꿈꾸다

PART 5

아프리카 대륙에
K-뷰티를 심다

PART 1

해발 5,895m
킬리만자로에
도전하다

나 그만뒀어요

"엄마, 나 일 그만뒀어." 스물여덟 살이 되던 새해 첫날 엄마에게 말했다. 1남 2녀의 둘째 딸로 태어나 넉넉하지도 않고, 부족하지도 않게 자랐다. 형제들 덕분에 외롭지 않았고, 당찬 성격에 언니를 괴롭히는 동네 친구는 다 때리고 다녔다. 모범생 언니와 다르게 자유로운 영혼으로 살아왔고, 부모님은 내가 하고자 하는 일에 반대하신 적이 없다.

아빠는 매우 가정적이셨다. 주말 아침에는 직접 요리를 하셨고, 아침을 먹은 다음엔 항상 우리를 데리고 놀러 가셨다. 근교로 나가지 못하는 주말에는 집 뒤에 있는 산에 올랐다.

'뒷산'이라고 불렀는데, 높지는 않았지만 어린 나에게는 오를 때마다 끝이 보이지 않았다. 내가 아는 산 중에 가장 높은 산일 거로 생각했다. 아빠는 언니와 나를 데리고 산에 올라가는 걸 좋아하셨다. 힘들다고 찡찡거려도 절대 안아주지 않으셨고, 그렇다고 빨리 올라가라고 채근하지도 않으셨다. 주변 적당한 바위에 앉아 작은 나뭇가지의 껍질을 벗겨내 통조림 속의 복숭아를 포크처럼 찍어주셨고, 쉬어가며 천천히 함께 산을 올랐다. 그렇게 나와 언니는 항상 산의 정상에 올라가 "야호!"를 외치며 산의 경치를 즐기고, 냄새를 맡으며 신나게 내려왔다.

스물여섯 살에 힘들게 얻은 직장을 그만둔 이유는 킬리만자로 등반 때문이었다. 일류 대학을 나온 것도 아니고, 특별한 재능이나 기술도 없이 운 좋게 회사에 취직했다. 12.5%의 청년 실업률 뉴스가 심심찮게 흘러나오고, 취업 준비만 2~3년 하는 친구들이 있던 때였다.

하지만 회사에 다니는 동안 즐거운 적이 없었다. 그렇다고 슬프지도 않았다. 모두가 그렇듯이 아침이면 출근하고 저녁이면 퇴근했다. 안정적이었고, 보수도 나쁘지 않았다. 10년 이상 근속하는 선배들도 있었다. 특별한 능력이 없어도 배우면서 일

아프리카에서 화장품 파는 여자

할 수 있는 곳이었다. 문제는 발전이 없다는 거였다.

스물여덟 살, '나는 여기에서 무엇을 할 수 있을까? 이런 무의미한 시간을 계속 보내야 하는 걸까? 나는 왜 일이 즐겁지 않을까?' 퇴근길, 꼬리를 무는 부정적인 생각에 급기야 자존감이 낮아지고 말았다. 첫 직장이니 최선을 다해 의미를 찾으려 노력해봤지만 결국 찾지 못했다. 그때 내가 나에게 한 질문은 오직 한가지였다.

'지금의 나는 어른인가?' 20대 후반이었고, 대학을 빨리 졸업한 친구는 직장 생활 3~4년 차였다. 결혼해서 아이를 둘이나 둔 친구도 있었다. 친구들은 무엇을 시작하는 삶이 아니라, 진행 중의 삶을 살고 있었다. 어른은 아니지만, 마냥 어리기만 한 나이가 아니었다.

나는 결국 회사를 그만두기로 했다. 또 다른 시작을 준비할 생각에 불안했지만, 퇴사를 결심하자 빠르게 마음이 정리되었다. 사직서를 내자 선배들이 무엇을 할 건지 물었다. 나는 솔직하게 대답했다. "킬리만자로에 가려고요." 모두 웃어넘겼다.

스물두 살의 여름은 무료했다. 평소처럼 TV를 보는데 백록담이 나왔다. 갑자기 한라산에 가고 싶었다. 그래서 아빠의 커다란 등산 가방에 옷가지만 챙겨 제주도로 떠났다. 평일에 출발하는 제주행 비행기표는 저렴했고, 내게는 아르바이트로 모아둔 돈도 있었다. 가지 못할 이유는 없었다.

짐을 싸고 새벽 5시에 집을 나서며 주무시는 엄마에게 "엄마, 나 등산 다녀올게." 하고 말했다. "너무 늦지 말고 조심히 다녀와. 그런데 어디 산에 가는데 이렇게 일찍 가?"라고 묻는 엄마에게, "한라산!"이라고 대답하며 도망치듯 나왔다. 그냥 여자 혼자 여행 간다고 하면 엄마가 못 가게 할 것 같았다. 그러나 엄마는 나를 공항까지 데려다주었다. 나는 엄마가 뛰어나오기에 잡히면 큰일나겠지 싶어 더 열심히 뛰었던 것 같다.

아프리카로 가는 비행기표를 끊은 날에도 엄마에게 "나 등산 다녀올게."라고 말했다. 그러자 무언가를 직감한 듯 처음으로 "안 돼."라고 하셨다. 나는 성인이 되면 엄마에게 안 맞을 줄 알았는데, 새해 아침부터 등짝을 있는 대로 맞았다. 엄마에게 온갖 애교 섞인 말투로 계획을 발표하고, 아프리카에 대한 긍정적인 뉴스를 보여드리며 겨우 허락받았다.

킬리만자로에 가고 싶은 이유 중의 하나는 아빠 때문이었다. 아빠는 산에 오를 때마다 가수 조용필의 '킬리만자로의 표범'을 부르셨고, 나중에 킬리만자로에 같이 가자고 하셨다. 비록 아빠의 손을 잡고 어릴 때처럼 오르는 건 아니지만, 다녀와서 아빠에게 킬리만자로에 대해 꼭 이야기해주고 싶었다.

다른 이유는 만년설을 보기 위해서였다. 2022년에는 지구 온난화로 인해 킬리만자로 정상의 만년설이 녹아 없어질 거라는 기사를 읽었다. 이미 85% 이상 녹아버렸고, 수년 후에는 아프리카 대륙에서 영영 만년설을 볼 수 없다고 했다. '지금이 아니면 안 되겠구나.'

결국 일을 그만두고 2주 후에 짐을 싸 아프리카로 떠났다.

직장을 그만두기는 쉽지 않았다. 여행 후 밀려올 미래에 대한 불안함도 걱정이었다. 그러나 하기 싫은 일을 억지로 하며 내게 기회를 주지 않을 이유는 없었다. 과감하게 그만두어야 새로운 시작이 있을 거라 믿었다.

국내에서 아프리카 전문가로 유명한 A 씨는 서른 살에 직장을 그만두고 사하라사막 마라톤에 참가했는데, 무심코 던진 말이 화근이었다고 한다. 경영학석사MBA 과정을 밟기 위해 직장을 그만두고는, "이제 뭐 할 거야?"라는 동료의 물음에 무심코 "사하라사막 마라톤에 갈 거야."라고 했다가 소문이 퍼져 진짜로 아프리카에 가게 되었다고 한다. 그리고 A 씨는 10년이 지난 지금 국내에서 손꼽히는 아프리카 전문가가 되었다.

'나무를 심어야 할 가장 좋은 시기는 20년 전이었다. 그다음으로 좋은 시기는 바로 지금이다.'라는 아프리카 속담이 있다. 우리나라에서는 개그맨 박명수가 '늦었다고 생각할 때는 정말 늦었다.'라며 대중의 공감과 웃음을 끌어낸 적이 있다.

나는 둘 다 맞는 말이라고 생각한다. 본인이 원해서 무언가를 시작한다면, 그건 시기에 대해 고민하지 못할 만큼 열정적이고 간절해서일 것이다. '무언가를 할 시기'부터 고민한다면, 당신은 언제나 늦기만 할 것이다. 자신을 믿고 시작할 수 있는 한 시간은 언제나 당신 편이다.

학업도 마찬가지다. 내 친척 동생은 모두가 부러워하는 명문대에 다니는데, 정작 본인의 꿈은 초등학교 선생님이라고 했다. 스물두 살의 창창한 나이에 왜 도전하지 않는지 물었더니,

26

이미 3학년이어서 다시 수능을 보기에는 늦었다고 했다. 다시 시작하면 남들보다 뒤처질 테고, 교대에 들어가지 못하면 헛수고한 셈이라며 아쉬운 마음을 내게 털어놓았다.

"휴학하더라도 공부는 시작하면 좋겠어. 도전도 안 해보고 포기하기에는 너무 아까워."라고 나는 잔소리 반, 응원 반으로 조언했다. 그리고 얼마 후, 친척 동생은 정말로 머리를 질끈 묶고 다시 수능을 봐 교대에 입학했다. 그리고 지금은 어엿한 선생님이 되어 아이들을 가르치며 살고 있다.

만약 그녀가 현실에 안주해 도전하지 않았더라면, 선생님이라는 직업은 그저 어릴 적 꿈으로만 남았을 것이다. 물론 결정에 있어 많은 고민이 필요했겠지만, 원하는 삶을 사는 지금이 중요하다.

물론 누구나 고민은 있다. 학업에 대한 고민이 끝나면 취업에 대한 고민이 시작되고, 어른이 되었다고 느낄 즈음에는 해야 할 과제들이 쏟아진다. 나도 해야 할 것들이 너무 많다. 그러나 그 나름대로 계획은 세우되 마음 가는 대로 풀어나가니 만족스러운 하루하루를 살고 있다. 때론 과감하게 포기하고, 새로운 것에 도전하는 용기도 필요하며, 가끔은 무모하다 느껴지는 일을 해보는 것도 좋다. 대단한 일이 아니어도 된다. 취미를 만드는 것도 위대한 일이 될 수 있다.

"세상의 주인은 도전하는 사람의 것이다." 산악인 박영석이 한 말이다. 뒷산을 오르던 꼬맹이가 아프리카의 최고봉 킬리만자로 정상에 오른 것처럼 말이다. 나는 꿈꾸던 킬리만자로에 올랐고, 지금은 나는 내가 하고 싶은 일에 누구보다 열정적이고 진지하게 임하고 있다. 나는 내가 도전하는 분야의 주인이고 싶다.

아프리카에서 화장품 파는 여자

나의 꿈,
킬리만자로

첫 배낭여행이 아프리카가 될 줄은 나도 몰랐다. 군대를 제대하거나 취업을 앞둔 친구들은 보통 유럽으로 배낭여행을 떠났다. 내 주변에 아프리카를 다녀온 사람은 아무도 없었다. 내가 아프리카로 간다고 하니, "미쳤니?", "도대체 왜 아프리카야?", "가면 죽을 수도 있어." 모두 비슷한 반응이었다. 그러나 내가 꿈꾸던 산에 오르는 일이었고, 지금이 적기라고 생각했기에 아무것도 들리지 않았다.

비행기표를 끊고 여행 정보를 검색했다. 그런데 아프리카 여행 정보는 찾기가 어려웠다. 킬리만자로를 등반한 사람의 블로그와 여행사 상품을 뒤져 일정과 가격은 알아냈지만, 에티오피아와 케냐 여행에 대한 정보는 전무했다. 심지어 나는 장기 여행을 해본 적이 없어 준비물조차 가늠할 수 없었다. 결국 큰 배낭을 하나를 사고, 짜장 라면과 젤리를 가방에 넣고 무작정 출발했다.

그러나 곧 내가 얼마나 무모하게 출발했는지 알 수 있었다. 비자를 알아보지 않은 것이다. 다행히 내가 방문한 나라 모두 도착 비자가 가능해 문제가 없었지만, 그때를 생각하면 아찔하다. 대한민국 여권만 가지고 무비자로 방문할 수 있는 나라는 188개국이나 된다. 하지만 아프리카 대부분의 나라는 반드시 비자가 필요하다.

에티오피아 여행을 마치고 드디어 킬리만자로에 오르게 되었다. 투어는 현지에서 알아보았다. 한인 여행사도 많고 현지 여행사도 많기 때문에 원하는 곳으로 선택하면 된다. 한인 여행사는 소통이 원활하고, 안전하며, 서비스가 좋다는 장점이 있고, 현지 여행사는 서비스는 떨어지지만 가격이 저렴하다는 장점이 있다. 나는 후기가 많은 여행사를 예약하고, 아침 일찍 차를 타고 장비 렌털 숍으로 이동했다.

킬리만자로는 해발 5,895m로 출발지에서 정상까지 온도 차이가 40도에 이른다. 그래서 렌털 숍에서는 스키복과 방한용품, 침낭과 보온병까지 빌려준다. 킬리만자로를 등반하고 싶다면 꼼꼼히 준비하길 바란다. 특히 환경보호를 위해 일회용 페트병 반입이 안 되므로, 보온병이나 텀블러는 필수이다. 렌털 숍에서 플라스틱 물병도 빌려주니 이용해볼 만하다.

'그나저나 이걸 어떻게 다 들고 가지?'

킬리만자로는 총 여섯 루트가 있는데, 일반인들은 보통 마랑구 루트Marangu rute나 마챠메 루트Machame rute로 오른다. 나는 일반인도 오르기 쉬워 코카콜라 루트라고 불리는 마랑구 루트로 5박 6일의 일정을 시작했다.

킬리만자로의 입구에 도착하니 이미 현지인들이 모여 있었다. 알고 보니 산행을 돕는 사람들이었다. 보통 등산객 한 사람당 가이드와 요리사, 2명의 포터가 동행한다. 그렇게 나는 총 4명의 현지인과 함께 오르게 되었다. 그룹 산행을 신청해서 스위스에서 온 친구도 함께였다. 우리는 나흘 치의 음식과 물, 옷과 장비를 챙겨 포터들을 따라 천천히 산을 오르기 시작했다.

킬리만자로 입구는 마치 정글 같았다. 바분원숭이가 나를 반겼고, 처음 보는 작은 꽃이 만발해 있었다. 울창한 나무가 따가운 햇볕을 막아주어 불쾌하지 않았다.

첫째 날은 반팔에 긴 등산바지를 입었다. 산딸기를 따 먹으며 천천히 오르니 금방 해발 2,700m의 만다라 산장에 도착했다. 힘들지 않아 나는 왜 더 오르지 않느냐고 물어보았다. 그러자 가이드는 "천천히, 천천히."라며 산의 고도와 몸의 상태를 맞춰야 한다고 했다.

아프리카에서 화장품 파는 여자

다음 날 아침 일찍 일어나 식사를 마치고 해발 3,720m의 호롬보 산장까지의 산행을 시작했다. 조금 쌀쌀해서 긴팔의 등산복을 갖춰 입고 바람막이도 입었다.

오르면서 산딸기를 따 먹고, 아프리카에만 있는 식물도 구경했다. 그리고 동아프리카인이라면 모두 안다는 '잠보맘보'라는 노래도 배웠다. 오르는 모든 등산객과 현지인이 함께 부르며 힘든 줄도 몰랐다. 점점 바람이 불고 추웠지만, 다행히 해가 지기 전에 산장에 도착해 오롯이 나만의 시간을 보낼 수 있었다. 책을 읽거나, 산을 내려다보고, 하늘을 올려다보며 시간을 보냈다.

그런데 샤워를 하려고 물을 트는 순간, 몸이 잔뜩 움츠러들고 말았다. 따뜻한 물은 기대도 안 했지만, 샤워할 물로 차디찬 만년설 물이 나올 줄이야! 정신이 번쩍 들어, 오두방정을 떨며 샤워를 마쳤다. 그리고 킬리만자로 맥주 한 잔과 작은 컵라면을 먹으니 온몸이 녹아내리는 것 같았다.

셋째 날은 두꺼운 방한복을 갖춰 입었다. 산에 오를수록 몸과 마음이 지쳐갔다. 울창했던 숲이 사라지고 점점 을씨년스러운 황무지가 나오더니, 만년설이 조금씩 보이기 시작했다.

갑자기 숨이 턱턱 막혀왔다. 딱 4,000m 지점이었다. 두통이 나고 헛구역질을 했다. 말로만 듣던 고산병이었다. 게다가 4,703m에 위치한 키보 산장은 눈에 보이기만 했지, 걸어도 걸어도 나오지 않는 신기루 같은 곳이었다. 힘들게 산장에 도착하니 많은 사람이 누워서 헉헉거리고 있었다.

벽돌로 지은 창고 모양의 이 산장을 나는 '키보 호스피털'이라고 불렀다. 키보 산장에서는 오후 2시쯤 도착해 밥을 먹고, 3시부터 잠을 잤다. 밤 10시에 산행을 시작하기 때문이다. 하지만 고산병의 지독함 때문에 대부분 잠을 자지 못했다.

밤 10시가 되자, 나는 최대한 두꺼운 옷을 껴입었다. 헤드랜턴은 필수인데, 나는 에티오피아에 헤드랜턴을 버리고 오는 바람에 다른 사람들의 랜턴 불빛에 의지해 올라야 했다. 그러나 환한 달빛 때문에 금방 적응했다.

오르는 동안 사람들은 말 한마디 없이, 거친 숨만 몰아쉬었다. 나도 자신만만했던 모습은 사라지고, 얼마 못 가 주저앉고 말았다. 머리는 깨질 것 같고, 숨 쉬는 것 자체가 고통이었다. 그럴 때마다 가이드는 나를 일으키며 옷 안에 핫 팩을 넣어주었다. 가이드는 할 수 있다고 말했지만, 나는 "난 이미 틀렸어.

먼저 가."라는 말만 반복했다.

고작 500m를 오르는 데도 오랜 시간이 걸렸다. 마랑구 루트에는 길만스 포인트Gilman's Point와 스텔라 포인트Stella Point가 있는데, 포인트에 도착할 때마다 나는 정상인 줄 알고 엄청나게 좋아했다.

걷다 보니 점점 해가 뜨고, 따뜻한 온기가 느껴졌다. 사람들이 발걸음을 재촉하기 시작했다. 그러나 나는 걸어서 올랐는지, 기어서 올랐는지 기억이 나지 않는다. 정상에 다다를 즈음에는 눈을 뜰 수 없을 만큼 눈부신 만년설이 보였다. 빙하에 빛이 반사되어 어두웠던 산이 빛나기 시작하고, 사람들은 환호했다. 그러나 나는 소리를 지를 힘도 없었다. 그저 빛나는 만년설에 눈이 부셨을 뿐이다.

고산병의 지독함에 감동은 쉽게 깨져버렸다. 정상에 손만 대고 하산하고 싶은 지경이었다. 정상에서 쓴 일기는 아직도 알아보기 힘들고, 눈물과 콧물 자국이 묻어 있다. "내가 여기에 오를 거라고 알고 있었어? 나도 할 수 있다는 것을 알고 있었어." 지금 보면 손발이 오그라들지만, 그날의 감동은 내 일기에 고스란히 남았다.

하산하는 길은 더 험난했다. 거의 엉덩이로 미끄러지면서 내려왔고 들것에 실려서 내려가는 것도 상상했다. 다리가 풀려 터덜터덜 걸었다. 하지만 신기하게도 점점 숨쉬기가 편해지고 두통도 사그라들었다. 내려올 때는 보통 고도 안정을 위해 호롬보 산장에서 하룻밤 더 묵지만, 나는 당장 산을 떠나고 싶어 곧바로 하산해버렸다. 이렇게 5박 6일을 계획한 산행은 4박 5일 만에 끝났다.

킬리만자로는 '도전'을 상징하는 산이다. 정말이지 온 힘을

아프리카에서 화장품 파는 여자

다해야지만 오를 수 있는 산이다. 그렇게 킬리만자로 덕분에 아프리카는 내게 도전의 상징이 되었다. 아프리카를 향한 작은 목표도 나는 도전이라 여긴다.

죽을 것 같지만
죽지 않았다

아프리카를 여행하면 생명을 위협받는 일도 있다. 내 친구는 사파리 투어를 하다가 차가 뒤집혀 죽을 뻔했다. 갑자기 차가 하늘로 날아오르자 '내가 여기서 죽는 건가?' 싶었다고 한다. 흔한 일은 아니지만 비포장도로와 낡은 차가 많아 충분히 있을 수 있는 일이다. 친구는 눈을 뜨자마자 자신이 죽은 건 아닌지 본인에게 계속 말을 걸었다고 한다. 다행히 친구는 타박상만 입었다.

투어 업체를 선택할 때는 업체의 신용도와 차량 상태를 확인하는 것이 바람직하다. 배낭여행객은 주머니가 가벼운 탓에 늘 싼 것을 찾아다니지만, 싸다고 무조건 좋은 것은 아니다.

아프리카 종단 여행을 하던 한 친구는 시내까지 태워주겠다는 마을버스를 탔다가 그대로 납치당했다. 장기 여행으로, 장발에 거지같은 몰골이라 설마 본인을 털어갈 거라고는 생각지 못했다고 한다. 지금은 "가방이 없었으면, 내 몸이 털렸을 거야."라고 장난스럽게 말하지만, 그때를 생각하면 정말 아찔하다고 한다.

아프리카는 볼거리도 많고, 색다른 액티비티를 즐길 수 있기로도 유명하다. 하지만 즐거운 액티비티도 안전에 유의하지 않으면 사고로 이어질 수 있다. 빅토리아 폭포에서의 번지점프는 전 세계인이 도전하고 싶어 하는 액티비티 중 하나이다. 번지점프대의 높이는 111m에 달해 극한의 공포와 호기심을 유발한다. 우리나라에서는 TV 프로그램 〈꽃보다 청춘〉에서 류준열과 박보검이 도전해 유명세를 얻었다.

하지만 빅토리아 폭포에서의 사고는 의외로 많다. 2012년, 호주인인 에린 랭워시Erin Langworthy는 빅토리아 폭포에서 번지점프를 하다가 20m 지점에서 줄이 끊기는 아찔한 경험을 했다. 그녀는 그대로 잠베지 강으로 추락했고, 빠른 급류에 휩쓸려

버렸다. 잠베지 강은 식인 악어 출몰로도 유명해서 언제 악어의 눈에 띌지 모를 일이었다. 하지만 그녀는 필사적으로 발목에 묶인 줄을 풀고 강가로 헤엄쳐 목숨을 구했다. 그녀는 "줄이 끊어졌을 때, 마치 블랙홀로 빨려드는 느낌이 들었어요. 살아오면서 느낀 어떤 공포와도 비교할 수 없어요."라고 했다. 그녀는 세계에서 극적으로 살아남은 사람으로 주목받았고, 지금은 호주 여행자 보험 모델로 활동하고 있다.

빅토리아 폭포 꼭대기에 있는 호수도 빼놓을 수 없다. 커다란 바위가 거센 물줄기를 막아주어 수영장으로 애용되지만, 높이 108m, 폭 1.7km에 달해 극한의 공포를 유발하는 곳이다. 폭포의 끝에서 아래로 떨어지는 물줄기를 보면 정말 아찔하다. 우리나라의 여행객들에게는 '황천길 직통 코스', '다이빙 후 사망'이라는 무시무시한 이름으로도 불린다. 이곳 또한 가이드의 말을 듣지 않고 놀다가, 발을 헛디디거나 장난치다가 떨어진 사람이 있다. 아프리카를 여행한다면 안전을 위한 가이드의 말을 잘 따라야 한다. 안전에 둔감에 당하는 사고는 누구도 책임져주지 않는다.

아프리카에서 화장품 파는 여자

사파리 투어 또한 사고가 끊이지 않는데, 2015년에는 남아 공에서 사파리 투어를 하던 미국인이 장난으로 창문을 열었다 가 사자에게 참변을 당하기도 했다. 또 사자를 강아지처럼 쓰 다듬으려다가 팔이 잘린 사례도 있다. 모두 안전 불감증으로 인한 사고이다.

사파리 투어를 할 때 가이드는 차에서 절대 내리지 말라고 당부한다. 하지만 꼭 '지금 동물이 없으니 잠깐 내려도 되겠지.' 라고 생각하는 사람이 있다. 호시탐탐 당신을 노리는 사자나 표범은 절대 당신 눈에 띄지 않는다.

나도 생명의 위협을 느꼈던 적이 있다. 일과 후 캠핑장에 머 물 때였는데, 자정이 되자 빗방울이 하나둘 떨어지기 시작했다. 비가 쏟아지기 전에 얼른 화장실에 다녀오려고 핸드폰 불빛을 비추며 밖으로 나갔다.

그런데 누군가 잔디를 밟는 소리가 들렸다. 인기척에 무섭 기도 했지만, 한편으론 안심이 되어, 소리나는 곳에 불빛을 비 추었다가 너무 놀라 입이 쩍 벌어지고 말았다. 커다란 버팔로 가 쿵쿵거리며 나를 보고 노려보고 있었기 때문이다. '나는 여 기서 버팔로에게 받혀 죽는구나.' 싶었다. 그때 가이드가 알려

준 안전 수칙이 생각났다. '절대 소리 지르지 말 것, 뒤돌지 말 것, 뛰지 말 것.'

나는 불빛을 가리고 뒷걸음질쳐 룸메이트에게 "빨리 문 열어!" 하고 속삭였다. 당연히 들릴 리 없었다. 나는 겨우 문을 열고 들어가 룸메이트에게 말했다. "밖에 버팔로가 있어." 룸메이트는 거짓말하지 말라며 문을 열고 랜턴을 비추었다가 그대로 문을 닫고 불까지 껐다.

그날 우리는 화장실도 못 가고, 잠도 못 잤다. 텐트 주변으로 동물들이 기웃대는 것 같았다. 내가 안전 수칙을 지키지 않고 그대로 뒤돌아 뛰었다면 버팔로 뿔에 받혀 죽었을 것 같다.

종종 아프리카 여행이나 출장 중에 생명의 위협을 느낄 때가 있다. 그래서 나는 매사 조심성이 많다. 달콤한 아프리카 여행을 위해서는 반드시 안전에 유의하길 바란다.

그리고 이렇게 죽을 뻔한 경험에도 불구하고 아무도 죽지 않았다. 아프리카는 그런 곳이다. 죽을 것 같지만, 죽을 각오로 도전하면 인생의 전환점을 맞이할 수 있는 곳.

아프리카에서 화장품 파는 여자

나는 까탈스러운
사람이 아니었다

　"나는 어떤 사람인가?" 아프리카에 갈 생각이라면 자신에게 꼭 해보아야 할 질문이다. 나는 수더분해 보이는 이미지와는 달리 매우 까탈스러운 사람이다. 웬만한 식당의 음식은 다 짜고 매웠으며, 길거리 음식은 절대로 먹지 않았다. 외국에서는 배탈이 잘 나서 손 소독제도 늘 휴대했다. 특히 아프리카에서는 손 소독제를 두 통이나 쓰기도 했다. 친구들은 순댓국에 소주 세 병은 거뜬히 먹을 것 같은 이미지라고 놀렸지만, 나는 순댓국은 입에도 못 댔다. 그래서 아프리카에 다녀오면 살이 빠져서 돌아올 줄 알았다.

에티오피아에서는 커피를 '분나'라고 하는데, 아메리카노를 주문하면 뜨겁게 달인 커피가 에스프레소 잔에 나온다. 정말로 불에 달인 듯 향이 깊고 진하다. 이 분나는 보통 길거리에서 팔며, 목욕탕에서나 볼 수 있는 플라스틱 의자에 앉아서 마신다. 또 잔은 커피의 색이 그대로 물들어 있기도 하고, 깨진 틈에 커피 찌꺼기가 눌어붙어 있기도 하다.

'이걸 마셔야 해, 말아야 해?' 한참을 바라보다 뜨거운 분나를 후후 불어 그냥 마셨다. 배탈이 날까 걱정했지만, 맛이 좋아서 연거푸 두 잔을 마셨고, 배탈은 나지 않았다.

나는 타오르는 화산을 직접 볼 수 있기로 유명한 '다나킬 투어'를 예약했다. 3박 4일의 일정이었는데, 이 투어로 인해 나는 나에 대한 편견을 완전히 깨버렸다.

일단, 화장실에 가고 싶다고 하면 길 한가운데에 차를 세워주었다. 황무지에 그대로 세워주면 사람들은 바위나 쌓인 모래 뒤로 슬그머니 사라졌다. 첫날 이 광경을 보고 나는 물을 마시지 않았다.

숙소도 황무지에 덩그러니 있었다. 화장실을 찾는 내게 가이드는 "여기가 다 화장실인데 왜 자꾸 화장실을 찾는 거야?"

라고 되물었다. 나는 결국 화장실이 아닌, 나를 잘 가릴 수 있는 곳을 찾기 시작했다.

이번에는 침대를 배정한다고 했다. 침대라니! 황무지에도 폭신한 침대가 있다는 사실에 기뻤지만, 기쁨도 잠시였다. 그냥 짚으로 엮은 판자였고, 침대라기에는 가당치도 않았다.

저녁 식사 중에는 모래바람이 불어서 스파게티에 모래가 다 들어갔다. 스파게티를 먹으면 모래가 서걱서걱 씹혔다. 그래도 이거 아니면 먹을 게 없다는 생각에 억지로 다 먹었다. 투어에 참여한 사람들도 별 말 없이 요령껏 모래바람을 피하며 식사를 했다. 먼지가 많다며 포장마차의 떡볶이도 사 먹지 않던 내가 모래를 씹어 먹고 있다는 사실에 웃음이 났다.

짚으로 만든 판자 위에 침낭을 깔고 눈만 빼꼼히 내놓고 잠을 잤다. 이렇게 길바닥에 덩그러니 누워 잠을 자다니, 역시 처음인 일이었다. 하늘에는 별도 달도 보이지 않았고, 빛도 없었다. 자는 내내 사람인지 동물인지 모를 것들이 주변을 맴도는 소리가 들렸지만, 너무 피곤해서 신경 쓰이지 않았다. 너무 피곤했기 때문일까. 아침에는 무척 개운했다.

출발 전, 가이드가 아프리카 마사지를 받을 거라고 해서 잔뜩 기대했다. 하지만 아프리카 마사지란 화산으로 가는 비포장도로의 덜컹거림을 말했다. 창문과 앞 좌석에 머리를 박는 건 기본이고, 앞차가 먼지를 일으키면, 우리는 그 먼지를 고스란히 마셨다. 창문을 닫고 옷으로 얼굴을 가려도 소용없었다. 그렇게 몇 시간이나 아프리카 마사지를 받으며 에르타알레Erta Ale 화산 지대에 도착했다. 물 두 병과 침낭 등 최소한의 짐을 들고 화산을 향해 다시 몇 시간씩 걸었다. 날씨도 더운데 지열까지 엄청나 짜증이 났다.

그러나 곧 타오르는 빨간 용암이 눈앞에 나타났다. 뜨겁기보다 따뜻하고, 튀어 오르는 용암에 맞을까봐 겁도 났다. 내가 화산을 보다니. TV에서만 보던 용암을 직접 마주한다는 사실이 믿기지 않았다. 튀어 오른 용암은 공기를 만나 검게 재로 변하고, 다시 솟아오르는 용암 위를 덮었다. 사람들은 진지하게 이러한 광경을 바라보았고, 자리를 뜨기 아쉬워했다. 에르타알레 화산은 여전히 쉬지 않고 타오르고 있을 것이다.

감동을 뒤로하고 우리는 다시 캠핑장을 찾았다. 역시 아무것도 없는 허허벌판이었다. 그냥 땅따먹기하듯 돌로 구역이 나뉘어 있을 뿐이었다. 우리는 여자가 3명이라 자연스럽게 침낭을 펴고는 '트리플 룸'이라고 불렀다. 다시 하늘을 보며 잠을 잤다. 차가운 땅에 침낭 하나 깔고 자는 내 모습이 너무 웃겼다.

다시 개운한 아침을 맞이했고, 사흘 만에 화장실도, 음식도, 잠자리도 아무렇지 않아졌다. 생각보다 나는 빠르게 적응했다. 배탈도 나지 않았고, 지붕이 없는 곳에서도 잘 잤다. 나는 사실 까탈스러운 사람이 아니었다.

나는 캠핑을 해본 적이 없었다. 여름에는 벌레가 많고, 겨울에는 추운 캠핑을 굳이 해보고 싶지도 않았다. 그런 내가 세렝게티 초원에서 캠핑을 하게 될 줄이야.

처음에는 '새벽에 누가 들어오지 않을까? 비가 오면 어떡하지?' 걱정되었다. 아니나 다를까, 캠핑 첫날부터 비가 오기 시작했다. 그 많은 텐트 중 하필 내 텐트에 구멍이 있었고, 밤새 비가 들이쳐 가방과 옷가지가 젖어버렸다. 아침이 되자 텐트를 걷고, 젖은 짐과 옷을 주변 나무나 남의 텐트에 양해를 구하고 말렸다. 다행히 햇빛이 강해 반나절도 안 되어 다 말랐다. 빗물에 얼룩진 옷을 그대로 입고 다녔다.

셋째 날에는 룸메이트가 텐트 문을 열어둔 바람에 쥐가 들

어와 엉망을 만들었다. 가방 속 음식을 먹기 위해 가방마다 구
멍을 내놓은 것이다. 한국이었다면 텐트를 빨고 소독하겠다고
난리였겠지만, 우리는 자연스럽게 매트를 뒤집고 그대로 잠들
었다.

나는 음식도 굉장히 가렸다. 그래서 여행 중 내심 살이 빠
지길 바랐다. 하지만 아프리카 여행이 끝난 후 살은 6kg이나
쪘고, 그때의 음식은 아직도 그립다.

에티오피아 전통 음식인 '인제라Injera'는 에티오피아 사람들
이 삼시 세 끼 먹는 음식이라고 해도 과언이 아니다. 우리나라
의 전처럼 생겼지만 시큼하고, 염소고기나 닭고기, 양고기를 채
소와 함께 싸 먹는다. 사실인지 모르겠는데 가이드는 "에티오
피아에는 손님에게 음식을 맛있게 싸서 먹여주는 문화가 있
다."라며 직접 인제라를 사람들에게 먹여주었다. 내 차례가 오
지 않길 바랐지만, 이내 가이드는 내가 빨리 받아먹길 바라는 눈
빛으로 음식을 입에 가져왔다. '이걸 먹어야 하나, 말아야 하나.'

사람들은 맛있다며 어서 받아먹으라고 했다. 어쩔 수 없이
입에 넣자, 잘 먹는다며 하나 더 싸주었다. 거절했지만 괜찮다
며 자꾸 건넸다. 그리고 지금의 나는 인제라의 맛에 푹 빠져

48

있다. 지금도 공항이나 이태원에서 꼭 사 먹는 음식 중 하나이다.

아프리카에서는 한국에서 느껴보진 못한 맛을 느낄 수 있
다. 탄자니아의 '우로조Urojo' 같은 건 무슨 맛이라고 표현해야
할지 모르겠다. 일단 외형적으로 낯설고, 어울리지 않은 재료
들이 한데 들어간 수프라고 해야 할까?

우로조는 잔지바르 섬의 야시장에서 처음 먹어보았는데, 일
단 때가 낀 플라스틱 그릇에 담겨 나온다. "깨끗한 그릇은 없
나요?"라고 물으니, 아주머니는 "깨끗하지 않나요?"라고 내게
되물었다. 먹기 좋은 음식이 맛도 좋다지만 여기서는 예외다.
보기에는 맛이 있을까 싶지만, 먹어보면 정말 맛있다. 황토색
국물에 과일, 밀가루, 달걀, 땅콩버터, 어묵, 소고기 꼬치 등 잡
다한 것을 넣어 먹는데, 이곳 탄자니아인들의 한 끼라고 했다.
결국 이 열량도 엄청난 음식을 매일 한 그릇씩 사 먹었다.

'키티모토Kitimoto'는 탄자니아식 바비큐인데 맥주랑 궁합이
잘 맞다. 먼지가 그득한 도롯가에서 굽는데다, 여러 사람이 손
으로 집어 먹기 때문에 깨끗해보이지는 않았다. 포크와 나이프
가 있으나 쓰는 사람은 없었다.

그러나 역시, 키티모토는 손으로 먹어야 제맛인 음식이었다. 국도 개인 접시에 덜어 먹고, 반찬도 작은 접시에 나눠 먹는 내가 여기서는 닥치는 대로 손으로 먹다니! 아무튼 확실한 것은 젓가락보다 손이 편하다.

나이지리아 전통 음식 '푸푸Fufu'는 우리나라의 떡과 비슷하며 살짝 시큼한 맛이 난다. 카사바Cassava 가루를 뜨거운 물에 반죽해 만들기 때문에 쫄깃쫄깃하다.

카사바는 고구마처럼 생긴 식물로 탄수화물 함량은 높고 당은 적어 열대지방에서는 훌륭한 열량 공급원으로 쓰이는 식재료이다. 그대로 삶거나 구워서 먹기도 하고, 튀겨서 카사바 칩으로 먹기도 한다. 한국에서는 이 맛을 잊지 못해 냉동 카사바를 구매해 먹기도 한다.

푸푸는 손으로 주물럭거리며 뜯은 다음, 수프에 찍어 먹는다. 아프리카에는 손으로 먹는 음식이 많아서 식당에는 손 씻는 세면대가 있거나, 종업원이 대야에 손 씻을 물을 직접 떠온다. 푸푸에 찍어 먹는 수프 또한 종류가 다양한데, 말린 생선을 넣거나 소고기, 닭고기, 염소고기, 양고기를 넣어 건강식으로 즐긴다. 푸푸는 포만감이 크고, 다른 음식과 함께 먹기 때문에 한 끼 식사로 훌륭하며, 각자 입맛에 맞게 먹을 수 있다.

얌Yam도 아프리카인들이 즐겨 사용하는 식재료이다. 카사바처럼 삶아서 수프에 찍어 먹는다. 우리나라의 마도 얌에 속하는 식물이지만, 마와는 매우 다르게 생겼다. 일단 크기가 사람의 종아리만 하고, 고구마보다 부드러우며, 감자와 식감이 비슷하다. 다이어트 식품이라는 말에 한동안 얌만 먹었지만, 살은 더 찌고 말았다.

아프리카에서 과일을 빼놓을 수 없다. 커다란 그린망고와 애플망고를 천 원이면 살 수 있고, 수박과 바나나, 오렌지, 파인애플, 파파야, 토마토 등 갖가지 과일을 저렴한 가격에 먹을 수 있다.

아프리카에서 가장 중요한 과일은 '플랜틴 바나나'이다. 껍질이 두껍고 질기며, 전분 함량이 높아 요리해서 먹어야 하는 바나나로 아프리카인에게는 없어서는 안 될 주요 열량 공급원이다. 우리가 먹는 바나나와 똑같이 생겨서 구분이 안 될 수 있다. 나도 달콤한 바나나인 줄 알고 샀다가 맛이 없어서 실망한 적이 있다.

하지만 플랜틴 칩은 정말 맛있다. 초록색과 노란색의 맛이 묘하게 달라 사람마다 선호하는 플랜틴 칩이 있을 정도이다. 사람들은 이 플랜틴 바나나를 카사바나 얌처럼 주식으로 먹는다. 요즘에는 한국에서도 플랜틴 바나나를 살 수 있다. 대형마트에서 구할 수 있으니 궁금하다면 직접 요리해보는 것도 좋다.

아프리카에 다녀온 후 나에게는 몇 가지 변화가 생겼다. 종이컵보다 머그잔이나 텀블러를 쓰는 게 익숙해졌다. 그리고 더는 손 소독제를 가지고 다니지 않는다. 우리나라에서는 필수품이 아닌 것 같다.

또, 한국에 도착하자마자 트럭에서 파는 붕어빵을 사 먹었다! 이제는 길거리에서 파는 뜨거운 어묵과 국물을 먹고, 떡볶이랑 순대도 즐겨 먹는다. 먹으면 죽을 것 같았는데, 이제는 맛있어서 죽을 것 같다.

나는 무던한 사람이었고 그냥 까탈스러운 척하는 사람이었다. 환경이 바뀌고 나는 나를 잘 알게 되었다.

굿모닝,
아프리카

아프리카를 소개하고자 한다.

우리나라는 한여름 대구의 더위를 표현하기 위해 '대프리카'라는 단어를 쓴다. 대구가 아프리카처럼 덥다는 의미이다. 하지만 아프리카 대륙 전체가 우리나라의 여름처럼 덥지는 않다. 에티오피아의 수도 아디스아바바Addis Ababa는 해발 2,355m에 위치하기 때문에 평균 16도로 따뜻한 편이고, 밤이면 10도로 내려가 전기장판이 필요하다. 세렝게티 초원도 저녁이 되면 선선한 바람이 불어 침낭과 경량패딩은 필수이며, 남아공에서는 두꺼운 패딩을 입고 털모자도 써야 한다.

나도 아프리카에 오기 전까지는 마냥 더운 곳이라 생각했다. 그래서 경량패딩과 침낭만 겨우 챙겼을 뿐, 체온을 유지할만한 어떤 것도 가지고 가지 않았다. 에티오피아에 도착하자마자 추워서 잔뜩 움츠린 기억이 생생하다. 도대체 누가 아프리카를 덥다고 했어?

아프리카는 온통 초원이다?

나도 아프리카는 세렝게티나 사하라처럼 온통 초원이거나 사막인줄 알았다. 아프리카인이라면 모두 야생동물을 친숙하게 생각하는 줄 알았다. 하지만 나이지리아는 동물원이 몇 개 없어서, 살면서 한 번도 야생동물을 본 적이 없는 사람이 더 많다.

아프리카인은 커피를 즐긴다?

에티오피아인 외에는 커피를 즐기지 않는다. 에티오피아인들은 일할 때도 마시고, 쉴 때도 마시지만 그 외의 나라에서는 카페조차 찾기가 힘들다. 커피는 아프리카를 방문한 외국인들이 많이 찾는다.

아프리카는 가난하다?

극단적인 표현이다. 모두가 가난하지는 않다. 탄자니아 다르에스살람Dar es Salaam 같은 곳은 고층 빌딩이 즐비하며, 세련된 정장에 스마트폰을 들고 다니는 사람이 많다. 투어 중 만난 원시부족도 목에 핸드폰을 걸고 사진을 찍자고 한다.

물론 아직은 가난한 사람이 더 많다. 하지만 앞으로 이들에게도 도움이 필요치 않은 날이 오리라 믿는다.

아프리카는 물가가 저렴하다?

아프리카를 여행하려면 돈을 두둑이 챙기길 바란다. 아프리카는 동남아시아와 달리 물가가 매우 비싸다. 나도 "아프리카가 비싸면 얼마나 비싸겠어?"라고 했는데, 정말 모든 것이 비쌌다.

일단 투어를 한다면 국립공원 입장료 자체가 비싸서 각오해야 한다. 킬리만자로 입장료는 70만 원 이상이며, 사파리 투어는 하루 20만 원씩 든다. 게다가 안전한 숙박을 위해 호텔에서 묵으려면 100달러 이상은 든다. 이동을 위해 비행기를 탄다면 놀라지 않길 바란다. 1시간 거리도 200달러 이상을 호가한다.

아프리카는 위험하다?

사실이다. 아프리카를 여행할 계획이라면 외교부의 '해외 안전여행' 사이트를 참고하자. 아프리카를 다녀온 사람 중에 경험담을 마치 무용담처럼 이야기하며, 여자 혼자 다녀도 안전한 곳이라고 하는 사람이 있다. 사실이 아니다. 늘 주의가 필요하고, 주변을 살펴야 한다.

일단 밤에는 절대로 나가지 말자. 나는 탄자니아로 출장 갔을 때, 소매치기를 당할 뻔한 적이 있다. 밤에 친구를 만나기 위해 숙소 앞에서 택시를 잡고 있었다. 사람들도 친절하고, 안전하다고 느낀 도시여서 경계심도 없었다. 그런데 갑자기 차 한 대가 다가오더니 창문을 연 남자가 내 가방을 낚아채려고 했다. 다행히 사람들이 모여들자, 남자는 가방을 놓고 도망가버렸고, 나는 주저앉아 울음을 터트렸다. 그 뒤로 나는 절대 밤에 나가지 않는다. 밤에 나갈 일이 있으면 안전하게 택시를 부른다. 아프리카에서는 안전에 대한 원칙을 지키는 것이 정말 중요하다.

아프리카에는 흑인만 있다?

그렇지 않다. 당연히 백인, 흑인, 황인 등 다양한 인종이 모여 산다. 특히 남아공에는 백인이 많다. 편견 없이 아프리카를 바라보는 시각이 필요하다.

아프리카에서 왔어요? 아프리카 사람이에요?

흑인을 만나면 이런 질문을 하는 사람이 많다. 도대체 아프리카 어디를 이야기하는 것일까? 누군가 나에게 "아시아에서 왔어요?"라고 묻는 것과 같다. 물론 나는 아시아에서 왔지만, 정확히는 대한민국에서 왔다. 아프리카는 54개의 공식 국가와 9개의 비공식 국가가 있다. 국가별로 언어와 문화가 다르기 때문에, "아프리카 어느 나라에서 왔어요?"라고 물으면 정확하다. 나는 아시아의 대한민국에서 왔다.

아프리카에는 펭귄이 산다

추운 남극에서만 살 것 같은 펭귄은 따뜻한 바닷물과 아름다운 마을 풍경으로 유명한 남아공의 시몬스타운Simons town에 가면 볼 수 있다. 남아공을 여행하는 사람이라면 꼭 들르는 유명한 여행지이다. 남아공은 물가가 비싸고 깔끔하게 정돈되어 있기로 유명하다. 아프리카보다는 유럽을 연상시키는 나라이기도 하다.

아직도 많은 사람이 아프리카에 대한 편견을 가지고 있다. 가난하리라 생각하고, 전쟁과 질병 때문에 갈 수조차 없는 대륙이라고 생각한다. 하지만 사람 사는 것은 다 비슷하다고 말하고 싶다.

아프리카 여행을 준비한다면 예방 접종에도 신경 쓰자. 황열별 예방 접종은 의무이고, 장티푸스와 파상풍, 콜레라 등 현지에 유행하는 질병도 확인해서 접종해야 좋다. 아프리카에서는 아프면 여행 경비보다 병원비가 많이 나오며, 위생 상태 또한 장담할 수가 없다.

실제로 여행 중 말라리아에 걸려 안타깝게 사망한 여행자도 있다. 증상이 감기와 비슷하다고 생각하여 간과하면 안 된다. 아프면 꼭 현지 병원이나 관공서에 도움을 요청하자.

필수품은 아니지만 없으면 서운한 준비물이 있다. 바로 '나프탈렌'이다. 에티오피아의 메케레Mekele에 도착해 시내에 좋은 호텔을 예약했다. 방이 깨끗하고 넓었다. 그런데 냉장고를 연 순간, 깜짝 놀라고 말았다. 하얀색 바퀴벌레가 후다닥 숨어들고 있었기 때문이다. 하얀색 바퀴벌레라니, 정말 끔찍했다! 냉장고 문을 닫고 프런트로 달려가 당장 방을 바꿔 달라고 말했지만, 직원은 "다른 방에는 바퀴벌레가 없을 것 같아?"라고 말했다.

호텔에 있는 것 자체가 내게는 공포였다. 결국 모든 짐을 침대 위로 올리고, 내 침낭까지 펼치고 누웠다. 그리고 가방 속에 나프탈렌이 생각나 주변 곳곳에 밀어 넣었다. 나프탈렌이 진짜로 방충효과가 있는지는 모르지만, 지금껏 벌레에게 공격당한 적은 없다.

아프리카의 아이들에게 나누어줄 선물을 고민하는 사람도 있다. 나는 사탕과 볼펜, 머리끈을 준비하는 편이다. 아이들이 따라와 돈을 달라고 하면, 볼펜을 준다. 받은 볼펜을 다른 외국인에게 파는 경우를 보긴 했지만, 내가 준 펜으로 열심히 공부했으면 좋겠다. 여전히 아이들에게 무엇을 선물하면 좋을지는 고민이다.

아프리카 여행에 필요한 것들

9월, 남아공에 방문했을 때 슬리퍼를 신고 간 내가 너무 싫었다. 영상 7도, 여름을 나고 간 내게는 잔혹한 추위였다. 남아공은 겨울에 눈이 오며, 보일러 시공업체가 있을 정도이다. 현지인들도 거의 목도리나 털모자를 착용하고 다닌다.

고지대인 에티오피아도 마찬가지이다. 아프리카라고 해서 마냥 더운 건 아니니 경량 패딩, 바람막이, 긴팔과 긴 바지 등의 보온용품을 챙기길 권한다. 그리고 킬리만자로 등반을 위한 몇 가지 용품을 소개한다.

☑ 보온병

등반할 때 따뜻한 물은 필수이다. 보온병을 렌털 숍에서 빌릴 수는 있으나, 깨끗하지 않고 성능이 안 좋아 물이 빨리 식기도 하니 좋은 보온병을 마련하자.

침낭 ☑

꼭 두껍고 비싼 침낭이 아니어도 된다. 국내에서 저렴하게 구입해 일회용으로 써도 괜찮다.

☑ 등산 장갑, 털모자, 마스크

얇은 등산 장갑을 준비하고, 그 위에 렌털 숍에서 스키 장갑을 빌려 착용하면 편하다. 털모자와 마스크도 필요하다. 여유가 된다면 사용 후 깨끗이 빨아서 가이드나 포터에게 선물하고 오면 좋다.

헤드랜턴 ☑

킬리만자로 정상으로 가는 길은 험난할뿐더러 야간 산행도 있다. 렌털 숍에서 빌렸다가 잃어버리면 난감하니, 저렴한 랜턴이라도 구입하는 게 좋다.

☑ 핫 팩

요즘에는 붙이는 핫 팩도 있다. 발이나 등, 배에 붙이면 체온을 유지할 수 있다. 등반 시 저체온증이 올 수 있어 가이드도 계속 움직이게 하며, 한곳에 앉아 오래 쉬지도 못하므로 핫 팩을 붙이면 유용하다.

라면 ☑

고산병으로 아무것도 먹을 수 없는 상태라면, 라면 가루라도 뜨거운 물에 타서 먹는 것도 방법이다. 뭐라도 먹어야 한다.

☑ 손 소독제, 파우더 티슈

킬리만자로는 물이 부족하다. 손을 씻을 수 없을 때에는 손 소독제를 이용하고, 샤워를 할 수 없다면 파우더 티슈로 땀을 흡수시키면 좋다.

자외선 차단제 ☑

햇볕이 뜨겁기 때문에 자외선 차단제는 필수이다. 아침과 저녁에도 빛은 강하다. 현지에서 사려면 가격도 비싸고 원하는 제품을 찾기 힘드니 미리 준비하는 것이 좋다.

PART **2**

아프리카
드림을 꿈꾸다

여행 끝,
나의 아프리카 시작

나의 진정한 아프리카는 여행이 끝나고 시작되었다.

여행을 마치니 한번씩 허전함과 현실에 대한 답답함이 밀려왔다. 무기력해지지 않으려 글을 쓰며, 아프리카를 곱씹고 행복한 순간들을 그리워했다.

'아프리카를 이렇게 끝낼 수는 없어. 어떻게 하면 다시 아프리카에 갈 수 있을까?'

길고도 짧은 3개월의 여행은 내게 의미 있는 시간이었다. 큰 배낭을 메고 혼자만의 시간을 보내면서, 나를 찾은 느낌이었다. 다시 아프리카에 가기 위해서는 무언가 해야 했다. '이제 껏 마음속으로만 생각하던 선교를 할까? 아니면 봉사활동? 아 프리카 사업부가 있는 회사에 취직할까?' 아프리카를 그리워하 는 모든 사람이 하는 고민일 것 같다.

다나킬 투어에서 한국인들과 동행한 적이 있다. 세계 일주 를 하는 친구들이었는데, 모두 성격이 밝고 소탈해 서로 힘이 되어주며 여행을 즐겼다. 그리고 이들도 여행을 마친 후 각자 자리를 찾아갔다. 이들 중 두 친구는 한국으로 돌아와 취직을 했다. 그리고 한 친구는 여행을 기록한 사진과 영상물을 전시 했다가 반응이 좋아, 현재 작은 갤러리 카페까지 오픈했다. 여 행을 통해 삶이 풍요로워지기도, 또 하고자 하는 일을 찾기도 한다.

블레이크 마이코스키Blake Mycoskie는 휴가로 아르헨티나에 갔 다가 맨발의 아이들을 보았다. 학교에 가야 할 아이들이 신발 이 없어 학교에 가지 못하고 있었다.

집으로 돌아온 그는 어떻게 하면 아이들에게 신발을 제공 할 수 있을지 고민하다가, 아르헨티나의 비영리단체와 함께 모 금 활동을 시작했다. 하지만 기부에 의존해야 하는 현실에는 한계가 있었다. '기부받은 신발이 작아지면? 새 신발이 기부되지 않으면?' 그에게는 지속해서 아이들에게 신발을 제공할 방법이 필요했다. 그래서 그는 수익을 창출해 신발을 제공할 수 있는 회사를 설립하고, '신발 한 켤레를 사면 아르헨티나의 아이들에게 신발이 기부된다'라는 캠페인을 시작했다. 사업은 성공적이었다. 사람들은 간접 기부의 뿌듯함을 느끼며 신발을 구입했고, 세계적으로 유명해지기까지 했다. 바로 '탐스TOMS'이다.

탐스는 현재 시력이 나빠 일상생활이 힘든 저소득층에게 안경을 후원하는 안경 사업도 하고 있으며, 아프리카 전역에도 꾸준히 후원을 하는 기업이 되었다.

사회적 기업 '글로벌 숍 프로젝트' 또한 나의 아프리카 사업에 영감을 주었다.

우간다 출신의 미국인인 데릭 케욘고Derreck Kayongo는 필라델피아의 호텔에서 충격을 받았다. 한두 번밖에 쓰지 않은 비누가 새 비누로 교체되어 있었기 때문이다. 케욘고는 비누조차 마음껏 쓰지 못했던 어린 시절을 기억했다. 그리고 아직도 그의 고향에는 비누가 없어 제대로 씻지 못하는 사람이 많았다.

결국 그는 버려지는 비누를 모아 재활용 비누를 만들어 아프리카에 보내는 사업을 시작했고, 대형 호텔과도 협업해 사업을 키웠다. 고국인 우간다를 비롯해 많은 아프리카인들이 비누를 마음껏 사용하길 바랐기 때문이다. 그리고 그는 2011년, CNN의 영웅으로 선정되었다.

아프리카 여행을 추천하느냐 묻는다면 나는 100% 추천한다. 당신이 이제껏 겪어보지 못한 일들을 겪을 것이다. 오죽하면 '이것이 아프리카다This is Africa'라는 말이 있겠는가.

아프리카 여행은 철저히 계획을 세울수록 스트레스였다. 그냥 되는 대로 움직이는 게 편했다. 어차피 비행기는 제시간에 탈 수 없었다. 비행기가 늦거나, 나를 데려다줄 기사가 늦거나. 변수가 많았다. 공항에서 노숙하는 날도 많았고, 한밤중에 대책 없이 공항에서 쫓겨나기도 했다. 억울하게 페널티 요금을 내고, 잘잘못을 따져봤자 직원들은 영어를 못하는 척했다. 사파리 차량은 갑자기 시동이 걸리지 않고, 타이어가 진흙에 빠져 옴짝달싹 할 수 없었다. 소매치기를 당할 뻔한 적도 있다.

그래도 나는 추천한다. 아프리카를 경험한 사람은 모두 아프리카를 추천한다.

아프리카 여행 전, 브라이언 트레이시Brian Tracy의 《내 인생을 바꾼 스무 살 여행》을 읽었다. 스무 살의 저자가 사하라사막을 횡단하며, 자신의 한계에 도전하는 아프리카 여행담이다. 읽는 내내 '과연 무사히 여행을 마칠 수 있을까?' 마음을 졸였다. 치밀하게 계획을 세우지만 단 한 번도 계획대로 되지 않는 여행. 책을 읽으며 아프리카를 여행하며 느끼는 것, 아프리카에 다녀와 할 수 있는 일에 대해 나도 함께 고민해 보았다.

고등학교를 중퇴하고 아프리카 여행길에 올랐던 저자는 여행이 끝난 후 무역학 박사가 되었고, 현재 존경받는 비즈니스 컨설턴트가 되었다. 저자는 말한다. "여행은 시간과 비용을 수반하지만, 돈을 주고 살 수 없는 멋진 경험과 배움을 준다." 아프리카 여행을 떠나고 싶게 만든 책이자, 아프리카를 꿈꾸는 사람에게 추천하고 싶다.

아프리카 여행은 내 인생의 첫 번째 전환점이 되었다. 무작정 떠나서 나를 찾았고, 지금은 아프리카 스타트업에 도전하고 있다. 그리고 여전히 내가 가장 잘할 수 있는 일들을 찾고 있다.

지구 반 바퀴를
돌아 만난 인연

스물다섯 살의 내게, 덩치 큰 흑인이 내게 영어로 말을 걸었다. "안녕? 나는 마비스야." 혹시 나한테 인사한 건가? 동공이 흔들렸고, 나는 얼른 다른 데로 시선을 돌렸다. 그러자 그가 다시 영어로 말을 걸었다. "너랑 친구가 되고 싶어." 내게 말하는 게 확실했다. 무서웠다. 솔직히 흑인인 그가 낯설고, 친하게 지내고 싶지도 않았다. 한국어를 할 수 있냐고 물었더니, 한국에 온 지 한 달 밖에 되지 않아 서툴다고 했다.

그는 내가 카페에 있을 때마다 와서 커피를 사주며 가벼운 인사를 건넸다. 매번 거절했지만, 자주 보니 익숙해져서 나도 곧 인사를 건네게 되었다.

몇 달 사이에 그의 한국어 실력은 확실히 늘어 있었다. "안녕하세요. 나는 마비스입니다. 나이지리아에서 왔어요. 친구 하고 싶어서 계속 말 걸었는데, 나를 좀 싫어하시는 것 같아요." 그가 처음 건넨 한국어였다. "한국어를 빨리 배우시네요?"라고 되묻자 그가 말했다. "네. 너랑 말하고 싶어서 열심히 공부하고 있어." 나도 모르게 웃음이 나왔고 우리는 좋은 친구가 되었다.

마비스는 나이지리아에서 온 유학생이었다. 나는 나이지리아라고는 축구가 유명하다고만 알 뿐, 어디에 붙어 있는지도 몰랐다. 지도를 보니 한국과 나이지리아의 거리는 11,923km, 비행기로는 19시간이 족히 걸리는 곳이었다. 마비스와 나는 함께 이야기하고, 공부하고, 밥을 먹는 사이가 되었다. 물론 같이 다니면 이목이 쏠려 부담스럽긴 했다.

그리고 6개월 뒤 그는 전남대학교로 석사과정을 밟기 위해 광주로 떠났다. 한동안 서로 메신저로 간단한 안부를 물으며 지내다가 2년 뒤에나 다시 만났는데, 그사이 그는 꽤 멋있게 변해 있었다. 투박하고 이성적인 매력은 찾아볼 수도 없었던 그가 영화에나 나올 법한 남자가 되어 있었다.

우리는 자연스럽게 연인이 되었고, 긴 연애 후 결혼을 했다. 내가 국제 결혼을 할 거라고는 아무도 상상하지 못했다.

지구 반 바퀴를 돌아 만난 사이인 만큼 나는 그에 대해 공부해야 했다. 그러면서 서서히 아프리카 대륙의 매력에 빠져들었다. 아프리카를 공부하는 일이 때로는 그에 대해 공부하는 일 같았다.

그는 유창한 영어와 매너, 지성까지 겸비했고, 나는 그의 잘생긴 얼굴과 듬직함에 설렜다. 만나면서 아프리카인이라고 인지하지 못한 것 같다. 외국인과의 연애는 처음이었다. 그는 닭살 돋을 정도로 애정 표현을 자주 했고, 나는 매일 사랑받는 느낌이었다.

그는 나를 '프린세스'라고 불렀다. 아빠 외에 나를 공주님으로 부르는 사람은 그가 처음이었다. 너무 창피해서 이름을 부르라고 했지만, 그는 지금도 '프린세스'라고 부른다. 겉으로 싫은 척해도 들을수록 기분 좋은 애칭이다. 그는 나를 하루에 백 번은 부르는 것 같다. 친구들이 프린세스 지옥이라고 할 만큼 나에게 애정을 쏟는다.

어느 날은, 남아공에서 친구를 만나 카페에 갔는데, 직원이 "프린세스!"라고 호명하자 나도 모르게 "네!" 하고 대답한 적이 있다. 나를 부른 게 아닌데 내가 대답해버린 것이다. 너무 부끄러워서 얼굴이 빨개졌다.

마비스는 한국의 음악과 역사를 좋아하며, 한식도 잘 먹는다. 가끔 그가 우리나라에 대해 진지하게 말하면, 웃기기도 하고, 대단해 보인다. 한국과 일본의 축구 경기가 있는 날이면 누구보다 열정적으로 한국을 응원하며, 막걸리를 좋아해 술도가를 찾고, 우리나라의 대중음악을 좋아한다. TV 프로그램 〈불후의 명곡〉을 보며 함께 울고, 〈개그콘서트〉를 보며 함께 웃는다.

각자 서울과 광주에 있을 때는 매일 영상통화를 했다. 마비스의 한국어 때문에 매일 즐거웠다. "광주 날씨 어때?"라고 물으면 "오늘은 비가 오고 싶은 것 같아요."라고 대답했다. 길 가다 딘타이펑이 먹고 싶다고 하면 "프린세스 진짜 이쁘지."라고 대답했다. 딘타이펑을 '진짜 이뻐'라고 잘못 듣고 내가 예쁘다고 말한 것이다.

존댓말은 외국인에게 어려운 언어문화이다. 특히 엄마와 있을 때는 틀릴까 봐 좌불안석이었다. "엄마, 안녕히 잘 자." 반말도 존댓말도 아닌 말로 엄마를 웃게 만들었다.

그는 내 영어 선생님이기도 하다. 나도 더 풍부한 어휘를 사용하고 싶어 열심히 공부하고 있다. 전에는 틀릴까 봐 말 자체를 안 했는데, 이제는 자신 있게 말하고 교정받는다. 사람들이 내게 영어를 잘한다고 하면, 마비스 덕분이라고 한다. 나는 그로 인해 성장하고 있다.

거리를 걷다 보면, 인종차별적 발언을 듣거나, 간접적으로 느껴지는 때가 많다. 우리나라 사람들은 아프리카에서 왔다고 하면 '못 사는 나라에서 온 사람'으로 단정해 대화를 시작했다. "불쌍하게 살다가 한국 오니까 좋아서 돌아가기 싫지?"라는 사람도 있고, 깜둥이라고 비하하는 사람도 있었다. 노인들은 내게 "너 같은 애들 때문에 잡종이 생기는 거야!"라고 윽박지르기도 했다. 화나서 한마디하려고 하면 마비스는 "그냥 가자."라고 말했다. 나는 그에게 늘 미안했다.

"화나지 않아?"라고 물으면 "응. 화나지 않아. 나는 까만 사람이 맞아. 그리고 아프리카는 개발도상국이야. 나도 아직 돌

아프리카에서 화장품 파는 여자

아가고 싶지 않아. 그 사람은 말하는 방법을 모르고, 내가 낯설어서 그런 걸 거야."라고 답했다.

나는 인종차별을 당해본 적이 없다. 만약 내가 해외에서 인종차별을 당한다면 불같이 화냈을 것이다. 그에게 차분하게 대처할 수 있는 이유를 물으니, "한국에는 아시아인이 많고, 흑인이 별로 없어. 한국인들은 흑인을 볼 일이 적기 때문에 나를 보면 신기할 수도 있고 무서울 수도 있어. 알지 못하기 때문에 나를 쳐다보고 만져보는 거야. 그리고 한국에 불법체류자도 많고, 외국인 범죄도 있어서 사람들이 나를 경계하는 건 이상한 일이 아니야. 만약 내가 미국이나 유럽에서 인종차별을 당했다면 나 역시 화가 날 거야."라고 말했다.

특히, 어린아이들은 마비스를 보면 눈이 동그래지고는 했다. 동물원에 가면 눈앞에 펭귄이 있는데도 마비스만 쳐다보았다. 그러다 용기 있게 다가오는 아이가 있으면 마비스는 친절하게 인사하며, 머리카락을 만지게 해주었다. 그러면 아이들은 매우 즐거워하면서 머리카락이 수세미 같다고 했다.

왜 그렇게 행동하는지 물어보면 "아이는 생애 처음 흑인을 보고 만지고 느꼈을 거야. 처음에는 이상하고 무서울 수 있지만 나와 함께 웃었기 때문에 다음에 흑인을 만나면 기분 좋게 인사할 수 있을 거야."라고 말했다. 나는 이런 그를 존경하게 되었다.

그가 우리나라에서 직장을 구하는 건 쉽지 않았다. 자체로는 훌륭한 청년이지만, '아프리카에서 온 흑인'이라는 사실이 그의 발목을 잡았다. 편견은 그를 점점 약하게 만들었고, 옆에서 보는 나는 괜히 미안했다. 하지만 마비스는 원하는 공부를 마치고 한국 생활에 적응해 열심히 살고 있다.

가족들에게 그를 소개했을 때, 다들 좋은 친구로 남으면 좋겠다고 했지만 나는 그러고 싶지 않았다. 카투사를 제대한 형부를 제외하고는 모두 흑인을 직접 마주한 건 처음이었다. 엄마와 언니도 마비스를 약간 무서워하는 것 같았다.

마비스가 우리 집에 자주 놀러 오게 된 건 외할머니 덕분이었다. 할머니의 거동이 불편해져 우리 집에 함께 살게 되었는데, 할머니는 마비스를 정말 좋아하고 신기해했다. 미소를 지으며 가만히 바라보거나, 팔과 손을 계속 만져보셨다. 또 뜬금없는 질문을 하셨다.

76

"태어날 때부터 피부가 까만색이었어요? 멍이 들면 어떻게 구별해요? 부딪히면 빨개지겠죠? 때를 밀면 하얗게 되나요?" 그럴 때마다 마비스는 진땀을 흘리며 대답했고, 가족들은 웃었다. 할머니는 나를 볼 때마다 "그 까만둥이는 왜 안 와?"라고 물으셨다. 할머니가 마비스에게 붙여준 애칭은 '까만둥이'였다.

우리 가족은 곧 그의 성실함과 반듯함에 마음을 열었다. 마비스를 친척들에게 소개하기 전에도 할머니가 소문을 내주셨다. "유영이 남자친구가 까만둥이야. 엄청 까맣고 잘생겼어. 한국어도 잘하더라." 이런 이야기를 들은 친척들은 어리둥절했지만, 이내 마비스를 받아들이고 가족으로 기쁘게 맞이했다.

그의 가족들과는 영상통화로 인사했다. 외국인 며느리가 익숙지 않을 텐데도 나를 딸처럼 친근하게 대해주셨다. 그러나 마비스처럼 나도 어른들 앞에서는 안절부절못했다. 영어로 "Did you have Lunch?"라고 물어 놓고는 'You'라는 단어가 반말 같아 어색했다. 마비스의 가족을 직접 만나보니, 어머니는 유쾌하고 지혜로운 분이었다. 마비스가 어머니를 닮은 게 분명했다.

직장을 그만두고 스타트업을 한다고 했을 때도 마비스가 가장 큰 힘이 되어주었다. 의견을 묻는 내게, 그는 망설이지 않고 대답했다. "새로운 것을 만들어가는 너라서 좋아." 그는 늘 내게 동기를 만들어준다. 내가 망설이면 용기를 주고, 불안해하면 다독인다. 가만히 내 이야기를 들어주고, 답을 찾게 한다. 대화의 중요성을 알려준 사람이다.

남편이 아프리카인이어서 내가 아프리카 사업을 시작한 줄 아는 사람이 많다. 하지만 아프리카 사업은 온전히 나를 위한 일이며, 내가 잘하고 싶은 일이었다. 내가 '린 스타트업Lean startup, 아이디어를 시제품 형태로 제작해 시장 조사 후 본 제품을 만들어가는 전략'을 위해 선정한 나라도 탄자니아와 케냐였다. 나이지리아 외의 아프리카를 가본 적이 있는 그가 조언할 수 있는 일은 없었다.

물론 그는 현재 내 든든한 파트너가 되어 있다. 나이지리아에 법인을 내면서, 같이 시장 조사를 하고 현지 이야기를 들으면 정보가 빠르게 취합된다. 내가 사업을 포기하지 않도록 해주는 사람이기도 하다.

아프리카에서 화장품 파는 여자

진심이 닿는 거리

나이지리아 문화는 우리나라와 달라도 너무 다르다. '빨리 빨리' 문화에 익숙해지지 않는 그가 가끔 답답했다. 걸음도 나는 빠르고 그는 느렸다. 나는 성격이 급해서 걷다가도 그와 티격태격했다. 일방적으로 잔소리한 적도 많다. 우리는 속도를 맞추는 데 오랜 시간이 걸렸다. 모든 일을 나는 조금 느리게, 그는 조금 빠르게. 그러자 비로소 천생연분이 되었다.

결혼과 연애는 너무 달랐다. 언어는 기본이고 집안일, 요리, 빨래, 생활 방식 모든 것을 처음처럼 맞춰야 했다. 내가 불편하지는 않을까 그는 늘 내 눈치를 보았다.

아프리카 남자들은 가부장적이라고 하지만, 그는 나보다 더 부지런히 집안일을 했다. 빨래할 옷들을 내가 구분해 돌리면, 그가 옷장까지 정리했다. 음식물 쓰레기 처리, 분리수거까지 깔끔하게 해냈다.

문제는 나였다. 혼자 살아본 적이 없어 집안일은 엉망진창이었고, 살림이 서툴러 빨래한 옷은 작아지고 색이 변해버렸다. 청소기를 돌리면 온갖 모서리와 가구를 찍고 다녀 중고처럼 보이게 했다. 청소를 시작하면 반나절은 걸렸다.

가계도 문제였다. 이제껏 버는 족족 물건을 사고, 취미 생활을 하고, 여행하고, 적금을 들었지 공과금을 내본 적이 없었다. 아파트 관리비가 이렇게 비싼지 처음 알았다. 게다가 결혼하니 보험료부터 식비까지 모든 게 2배였다. 결혼 6개월 차. 어디에 돈을 써야 할지, 무엇을 어떻게 계획할지 이제야 가계 경제에 대한 개념이 생긴 것 같다. 누군가와 같이 살면서 배려하는 법을 배우고 감사하는 법을 배우고 있다.

그리고 세상에 엄마가 없었으면 어쩔 뻔했을까? 내가 매번 집안일을 엄마에게 부탁하니 엄마가 횟수를 정해주었다. '엄마 찬스는 1년에 세 번뿐이야.' 나는 반 년도 못 넘기고 모두 사용

아프리카에서 화장품 파는 여자

하고 말았다.

요즘은 맞벌이와 워킹맘에 대해 생각해본다.

결혼 전에는 엄마가 해주는 밥을 먹고 출근했는데, 이제는 내가 밥을 차려먹고 부랴부랴 출근한다. 엄마가 너무 그리웠다. 조금만 신경 쓰지 않으면 빨래는 산더미에, 머리카락이 온 방 바닥에 뒹굴었다. 피곤해서 저녁도 먹기 싫은데, 청소까지 해야 하는 날이면 울적해지기도 했다. 일과 잡안일도 힘든데, 아이까지 생기면? 도대체 이 세상 부모는 어떻게 살아가고 있는 걸까?

우리 엄마는 삼 남매를 키웠다. 우리를 낳고 육아에 전념하다가, 동생이 유치원에 들어가는 해에 다시 일을 시작하셨다. 즉, 우리가 모두 학교에 다닐 때 엄마는 워킹맘이었다. 엄마는 퇴근하면 저녁밥을 짓고, 우리의 알림장을 일일이 확인해 숙제와 준비물을 챙기셨다. 책을 읽어주고, 잘 준비도 해주셨다. 그래서 엄마는 늘 자정까지 화장을 지우지 못했고, 아침 일찍 새롭게 화장했다. 그래서 나는 엄마를 세상에서 제일 예쁜 사람이라고 생각했다. 화장을 지울 시간이 없다는 걸 어릴 땐 몰랐다. 우리에게 해주는 모든 일을 당연하게 여겼고, 그게 얼마나 힘든지 가늠할 수 없었다.

사람들이 자녀 계획을 물으면 점점 자신이 없어진다. 자는 시간 외에는 계속 일하는 것 같은데, 아이까지 생긴다면 잠은 언제 자는 걸까? 흔히 말하는 경력 단절도 두렵다. 용기 있게 시작한 내 일을 잃을까 무섭다. 주변 워킹맘 친구를 보면 존경스러울 뿐이다.

마비스와 나는 영어와 한국어로 대화한다. 덕분에 나는 영어 실력이 조금 늘었고, 마비스는 한국어 실력이 늘었다. 서로 소통하기 위해 부단히 노력했기 때문이다.

같이 살면서 의견 충돌은 있기 마련이다. 그런데 의사소통까지 안 되니 더 화가 났다. 화나면 나는 영어로 천천히 시작해 한국어로 빠르게 쏘아대며 끝이 났다. 반면 마비스는 금방이라도 울 듯한 표정을 지으며, 한국어로 더듬더듬 말을 이어나갔다. 영어로 말하면 내가 못 알아들으니 그는 참고 또 참는다. 시간이 지나면 나는 무턱대고 화내고, 끝까지 들으려 하지 않아 미안했다. 우리의 말다툼은 항상 이렇게 끝났다.

언어가 다르니 싸우다 막히면 나는 영어사전을 찾아 설명한다. 하지만 영어로는 표현할 수 없는 감정이 너무 많다. 우리

아프리카에서 화장품 파는 여자

는 서로를 위해 매일 새로운 단어를 공부하고 있다. 나의 진심이 그에게 닿길 바라고 그의 진심이 내게 닿길 바란다. 우리는 언어의 장벽을 허물어버릴 만큼 서로를 배려하고 사랑하고 있다.

우리 가족의 사투리 또한 그를 안절부절못하게 했다. 엄마의 고향이 완도여서 우리 외가 친척들은 모두 전라도 사투리를 쓰는데, 아무리 광주에서 학교에 다녔다고 해도 알아들을 리 만무했다. 어른들이 사투리로 이야기할 때마다 마비스는 고개를 끄덕이며 다 알아들은 척 맞장구를 쳤다.

우리는 결혼식을 2017년 나이지리아에서 한 번, 2018년 우리나라에서 한 번씩 치렀다. 두 나라의 결혼 문화를 만끽하며 양국의 많은 사람에게 축하받을 수 있어 행복했다.

나이지리아에서의 결혼식에는 친척과 동네 주민이 다 모여, 음악이 나오면 남녀노소 할 것 없이 춤을 추고, 음식을 나눠 먹었다. 사람들은 내 행동 하나하나에 관심을 보였다. 특히 아이들은 담벼락에 기대서 나를 훔쳐보기도 했는데, 다가와서 피부를 만져보거나 긴 생머리를 쓰다듬으며 얼굴에 대보기도 했다. 내 머리카락을 조금 잘라서 자기 머리에 붙여 달라는 귀여운 아이도 있었다. 내가 조금 하얗다는 이유로 과분한 대접을 받았다. 내 피부를 만지며 부드럽다는 아이들, 자신의 피부도 하얀색이면 좋겠다는 아이들… 하지만 내가 느낀 아이들의 피부는 나보다 더 부드럽고 아름다웠다.

다른 문화에 대한 경험은 서로를 이해하는데 중요한 것 같다. 마비스가 한국어를 배우지 못했다면 나를 만나지 못했을 것이다. 그가 우리 문화와 역사를 배우지 않았다면 나와 소통할 수 없었을 것이다. 나 역시 아프리카 여행을 다녀와 그를 더 이해할 수 있었다. 그와 나는 차이를 극복하기 위해 매일 서로를 배우고 있다.

결혼은 잘한 선택이다. 독거 청년, 비혼주의 등 결혼에 대한 부정적인 인식도 많지만, 나는 혼자보다는 둘이 좋다. 나와 소통할 수 있는 내 편이 있어서 좋다.

연애하는 동안, SNS에 행복한 순간들을 기록했다. 그러자 의도치 않게 여러 방송국에서 섭외 전화가 걸려왔다. 그러나 우리는 준비되지 않았고 수줍었다. 우리의 이야기가 특별하거나, 사람들에게 감동을 주는 이야기일 리 없다고 생각했다.

그러다 우연히 KBS의 〈인간극장〉 작가님과 연결되었고, 우리는 고민 끝에 출연을 결심했다. TV에 우리가 나온다니 마냥 신기했다.

처음 보는 커다란 카메라와 우리 이야기를 궁금해하는 PD 님… 우리는 어색함을 떨치기 위해 며칠 고생했다. 내가 좋아하는 프로그램이라 더 잘하고 싶기도 했다. 그리고 결혼식을 위해 방문한 시어머니와 동생들도 함께 촬영할 수 있어서 특별한 추억이 되었다.

〈인간극장〉이 방영된 뒤, 나에게는 많은 변화가 생겼다. 먼저 아프리카 스타트업에 관심을 두는 사람들에게 연락이 오고, 강의도 많아졌다. 지나가면 마비스와 나를 알아보고 손을 덥석 잡는 어른도 계셨고, 애정 어린 눈빛으로 바라보는 분들도 많아졌다.

예전에는 일일이 부부라고 소개해야 했지만, 이제는 그렇지 않다. 마비스를 보는 시선도 따뜻해졌다. 마비스의 말대로 흑인을 모르기 때문에 생긴 편견이었을까? 방송을 시청한 사람은 더는 편견을 갖지 않는다. 예쁘고 젊은 부부로 봐주셔서 감사하다. 〈인간극장〉을 통해 우리는 더 당당해졌고, 사람들에게 인정받는 부부가 되었다.

아프리카의 현실에 도전하는 여성들

나이지리아는 남아선호사상이 강한 나라이다. 성차별은 물론이고 여성들의 인권도 매우 낮다. 2016년 유엔의 《인간개발 보고서Human Development Report》에 따르면 사하라 이남 아프리카 국가들은 성 불평등으로 인해 매년 950억 달러의 경제적 가치 손실을 안고 있으며, 그로 인해 지역 경제 발전이 지연되고 있다고 한다. 또한 여성은 남성보다 턱 없이 낮은 임금을 받을 뿐 아니라, 조혼과 성폭력에도 노출되어 있다. 여성의 경제적 성취를 저해하는 요인이 너무도 많다. 아프리카 여성들은 아직도 노예로 팔려가기도 한다.

와리스 디리Waris Dirie는 소말리아 출신의 세계적인 패션모델이자 레블론Revlon의 모델이다.

그녀는 다섯 살에 아빠의 친구에게 성폭행을 당한 적이 있으며, 남자 형제들과 차별을 당하며 불우한 유년 시절을 보냈다. 그리고 열세 살에는 60대 노인과 매매혼을 당할 뻔했다. 낙타 5마리에 팔려가다가 필사적으로 도망쳐 영국으로 건너가 모델로 성공한 것이다.

그녀의 고향인 소말리아는 여행사도 추천하지 않는 나라이며, 아프리카에서 여성 인권이 가장 낮은 나라이기도 하다. 와리스 디리의 《사막의 새벽》은 그녀의 비극적인 삶이 덤덤하게 표현되어 있다. 아프리카의 몇몇 나라는 아직도 '할례 의식'이 남아 있다. 알라의 뜻에 순종하는 의미로 다섯 살짜리 여자아이들이 흙바닥에서 면도칼로 할례를 당하며, 그에 수반하는 고통과 질병으로 목숨을 잃기도 한다. 그녀는 모델로 성공한 뒤, 가족을 위해 소말리아로 돌아갔다. 그리고 할례로 목숨을 잃은 언니와 자신의 불행한 유년을 고백하고, 2002년 자신의 이름을 따 '사막의 꽃 재단Desert Flower Foundation'을 설립해 할례로 고통받는 여성을 위한 의료 서비스를 지원하고 있다.

아프리카에는 미혼모가 많다. 면접 때 "결혼하셨어요?"라고 묻기보다 "아이가 있나요?"라고 묻는 경우가 많다. 게다가 아직도 일부다처제인 나라가 있으며, 여성을 남성의 소유물로 여기는 사람도 있다. 또한 와리스 디리처럼 강제로 조혼을 당하거나, 딸이라는 이유로 버려지기도 한다. 아프리카에서 여성들이 교육을 받을 수 있는 환경은 열악하기만 하다.

하지만 최근에는 부모에게 버림받거나 학대로 가출한 소녀들을 거두어 가사 도우미로 쓰며, 학교에 보내주는 사람도 있다. 소녀들은 학교에 다닐 기회를 얻는 대신 노동력을 제공하는 것이다. 악용하는 사람도 있지만 분명한 건 길에서 구걸하는 것보다 낫다.

다행히 최근에는 여성들의 사회 진출이 많아지는 추세이며, 경제 성장에 박차를 가하고 있다. 2012년 아프리카 정치, 경제 통합을 목표로 하는 아프리카연합AU 위원장에 여성인 '은코사자나 들라미니Nkosazana Dlamini' 남아프리카 내무장관이 선출되기도 했다.

아프리카연합을 대표하는 집행위원장에 여성이 선출된 것은 1963년 설립 이래 처음이다. 그녀는 '민주화 투사 출신의 뛰

아프리카에서 화장품 파는 여자

어난 능력과 엄격한 성품을 갖춘 철의 여인'으로 평가되며, 지도자로서 대륙의 화합을 위해 노력하고 있다. 또한 그녀와 같은 우수한 여성들이 사회에 진출하기 위한 정책도 펼치고 있다.

아프리카 그린벨트 운동의 창시자 '왕가리 마타이Wangari Maathai' 또한 빼놓을 수 없는 아프리카의 여성 지도자이다. 그녀는 케냐에서 태어나, 미국에서 동아프리카인 최초로 수의학 박사 학위를 땄으며, 나이로비 대학에서 수의학을 가르쳤다. 그리고 1977년부터 그린벨트 운동 환경 단체를 창설해 나무 심기 운동을 시작했다.

그녀가 나무를 심기 시작한 이유는 무분별한 벌목으로 훼손된 아프리카 밀림을 되살리는 동시에 취약 계층 여성들에게 일자리를 주기 위해서였다. 그녀는 나무 심기를 통해 여성들이 깨끗한 식수와 땔감을 보장받아 생계에 도움이 될 수 있다고 믿었다. 서구 자본으로부터 아프리카 삼림이 강탈당하는 걸 막고 천연자원, 환경, 야생동물을 보호하며, 케냐 여성들이 안정된 삶을 살아갈 수 있도록 지원한 것이다. 비록 대통령 선거에 낙선하였지만 98%의 압도적 지지율로 국회의원에 당선되었고, 환경 운동뿐 아니라 인권과 민주화 운동을 해온 케냐의 어머니와도 같다.

물론, 아프리카는 아직도 성차별이 심각하고, 여성의 인권은 세계 최하위권이다. 나는 이런 여성들이 교육을 통해 스스로 자립할 수 있는 환경을 만들고 싶다. 그녀들에게 더는 구걸하거나, 대학을 나오지 않더라도 일할 수 있는 기회가 많길 바란다.

나는 나이지리아의 미혼모들에게 천을 기부하고 있다. 나이지리아의 미혼모들은 보통 옷을 만들고 남은 자투리 천을 모아 손가방을 만들어 생계를 잇는다. 돈이 없어 제대로 된 천을 살 수 없기 때문이다.

나이지리아인들은 '라파'라는 긴 천을 재단해 머리나 허리에 둘러 옷을 만들어 입는다. 보통 미터 단위로 파는데, 나는 이 천을 사서 그녀들에게 기부해 손가방을 주문했다. 자투리 천으로 만든 가방보다 예쁘고 마음에 들어, 나는 이 가방을 결혼식 답례품으로 사용했다.

미혼모들이 사회에 진출하는 데에는 분명 어려움이 있다. 부담스럽지 않은 돈으로 여성들에게 천을 제공하면 그들은 예

90

쁜 가방을 만들어 판매함으로써 이익을 얻었다. 내가 할 수 있는 작은 나눔이 나이지리아 여성들에게 안정적인 수익을 보장한다는 사실에 행복했다.

내가 아프리카 여성들을 위해 하고자 하는 일은 '직업 교육을 통한 일자리 창출'이다. 단순히 천을 제공하는 일을 넘어 함께 협업할 수 있는 일을 찾고자 했다. 그렇게 나의 뷰티 브랜드 '푸라하FURAHA'는 아프리카 여성의 자립을 돕고 스스로 가치를 창출하며 인권을 보장받는 삶을 살 수 있도록 돕고 있다.

모든 여성은
아름다움을 원한다

모든 여성은 아름다움을 원한다. 이를 부정하는 사람이 있을까?

아름다움에 대한 기준은 다르지만, 모두 자신이 더 매력적인 사람이 되길 바란다. 한국인들이 아프리카에 대한 편견을 가지고 있는 것처럼, 아프리카 화장품 시장에 대한 편견 또한 많다.

실제로 정부 지원 사업을 발표하면 꼭 듣는 질문이 있다. "아프리카 여성들도 화장품을 쓰나요? 그 정도의 소득이 되나요?" 나 역시 아프리카를 알기 전까지는 이렇게 생각했다. 그

아프리카에서 화장품 파는 여자

러나 내가 만난 아프리카 여성들은 나와 당신처럼 아름다움을 가꾸는 데에 많은 시간과 비용을 투자한다.

에티오피아 바하르다르Bahir dar에서 일주일 동안 머문 적이 있다. 청나일 강의 발원지여서 많은 사람이 방문하는 곳이기도 하다. 나는 나흘이나 동네 백수처럼 시내와 타나 호수 근처를 산책했다.

그러던 어느 날, 한 할아버지가 다가와 내일 있을 딸의 결혼식에 와서 축하도 해주고 밥도 먹고 가라고 하셨다. 숙소 바로 앞집이라 가깝기도 해서, 나는 기쁜 마음으로 예쁘게 차려입고 할아버지의 집을 찾았다. 그런데 결혼식이 치러지는 집에 들어서자마자 나는 깜짝 놀라고 말았다. 할아버지와 다르게 딸은 피부가 하얀색이었기 때문이다. 백색증인가 했는데, 다시 보니 발은 검은색이었다. 의아했지만 신부를 축하하는 신나는 자리였기에 함께 즐겼다.

그리고 다음 날, 할아버지께 감사 인사를 하기 위해 다시 집을 찾았다. 집에 가니 악어처럼 딱딱하고 울퉁불퉁한 피부를 가진 여자가 나를 반겼다. 나도 모르게 경계 태세로 걸음을 옮겼는데, 다시 보니 그녀는 이틀 전 결혼식을 올린 신부였다.

어떻게 된 것일까?

그녀는 내 손을 잡고는, 자기를 못 알아볼 수도 있을 거라며 환히 웃었다. 나는 전혀 웃음이 나지 않았다. 왜 피부가 변했는지 진지하게 물어보았다.

"아프리카 여성들은 하얀 피부를 원해. 내 일생에 한 번뿐인 결혼식을 위해 사흘 전부터 피부 표백제를 발랐어. 바르는 동안 따갑고 아팠지만 내가 아름다워 보였다면 그걸로 만족해." 나는 속으로 경악했고 딱딱한 피부를 만져보았다.

아프리카인들은 화려하고 성대한 결혼식을 위해 많은 돈을 쓰며, 심지어 대출을 받아 평생 갚기도 한다. 그리고 여성들은 그 단 하루를 위해 외모를 가꾸는 데에 상당한 투자를 한다. 그녀 역시 고통을 감수하고서라도 본인이 원하는 피부를 갖고 싶었을 것이다.

그러나 피부 표백제는 고혈압과 피부 감염, 피부암을 일으킬 수 있을뿐더러 피부가 얇아지고 트기도 한다. 또 출처를 알 수 없는 제품들이 암시장으로 유통되기 때문에 성분조차 알 수 없다. 우리나라에서는 피부과 치료를 받을 수 있지만, 이곳에서는 치료할 방법이 없을 것 같다.

나와 같은 하얀 피부를 갖고 싶었다며 울먹이는 그녀에게 너의 검은 피부가 햇빛에 반사되어 반짝하고 빛날 때 가장 아름답다고 이야기해주었다. 그리고 내가 가지고 있던 티트리오일, 마스크팩, 세안제를 선물하며 사용법을 꼼꼼히 알려주었다. 지금 그녀는 괜찮아졌을까? 아니면 아직도 아파하고 있을까? 기회가 된다면 다시 그녀를 만나고 싶다.

콜롬비아 출신의 여성 싱어송라이터 마르타 고메스Marta Gomez의 노래 중 '흑인 아이'라는 곡이 있다. 어린 흑인 소녀가 백인처럼 하얀 피부를 갖고 싶어 표백제를 마셨다가 죽을 뻔한 실화를 바탕으로 만들어진 곡이다. 이 정도로 아프리카의 흑인 여성들은 하얀 피부를 열망한다.

실제로 아프리카에서는 미백 제품이 가장 잘 팔린다. 하지만 허가받지 않은 제품이 많고, 잘못된 사용법으로 인해 피부병에 시달리는 사람이 많다. 나이지리아의 '트레이드 페어Trade Fair' 뷰티 도매 시장에서도 가장 인기 있는 제품을 추천해달라고 하니 미백 제품을 보여주었다. 어디서 만들었는지 물어보자 판매자는 "아프리카 어디에선가 만들었어."라며 자꾸 대답을 회피했다. 제품 포장의 전후 사진조차 딱 보아도 포토샵으로 밝기 조절을 한 사진이었다. 가격은 한화로 2천 원 정도였으며, 이틀에 한 번씩 바르는 상품이었다. 진짜 미백에 효과가 있을지 궁금했지만 바를 엄두는 나지 않았다.

아프리카 여성에게 하얀 피부가 아닌, 흑인의 아름다운 피부를 알리는 것이 필요하다는 생각이 들었다.

물론 지금의 아프리카는 변화하고 있다. 하얀 피부만을 아름다움의 기준으로 삼지 않는다. 흑인 여성들의 사회 진출이 활발해지고, 젊은 상류층이 증가하면서 차별과 편견도 사라지는 추세이다. 엔터테인먼트 시장에서도 흑인 배우와 모델들의 활약상이 주목받고 있다. 2018년 마블Marvel은 아프리카를 배경으로 흑인 배우를 전면에 내세운 영화 〈블랙팬서〉를 개봉하기도 했으며, 아프리카의 뷰티 시장에서도 미백 제품보다 검은 피부의 아름다움을 강조할 수 있는 제품들이 다양하게 출시되고 있다.

서아프리카에서 가장 성공한 뷰티 사업가인 '포에버 클레어 Forever Clair'의 아메이 오벵Amey Obeng은 흑인 여성의 자연스러운 미를 강조한다.

그녀는 영국에서 피부 미용을 전공하고 고국인 가나로 돌아왔다가, 여성들이 지나치게 미백에 집착하고, 표백제를 사용하는 현실에 놀라고 말았다. 그녀는 여성 스스로 아름다운 피부를 망가뜨리고 병들게 하는 것부터 바꿔야 한다고 생각했다. 그래서 그녀는 여성들을 직접 찾아다니며 표백제의 위험성과 건강한 피부를 지키는 방법을 교육했다. 그리고 지금까지 뷰티 아카데미를 운영하며 청년들에게 흑인의 아름다움과 올바른 피부 관리법을 교육하고, 나이지리아, 토고, 코트디부아르에 사업을 확장하고 있다.

여성들은 자신을 꾸미는 것에 많은 비용과 시간을 투자한다. 우리나라 여성들은 풀 메이크업을 위해 30분에서 1시간가량을 소비하며, 화려한 네일아트도 즐긴다. 아프리카 여성들은 어떨까?

나이지리아는 교통 체증이 심해서 차 안에서 다양한 물건을 살 수 있다. 도로 한가운데에 차가 멈춰 있으면 상인들이 다가와 제품을 보여주고 판매한다. 어릴 때 꽉 막힌 고속도로에서 뻥튀기와 군밤을 사 먹었던 것처럼 말이다. 실제로 간식을 사 먹거나, 생필품을 사는데 꽤 유용했다. 그러나 보통 다단계로 이뤄지기 때문에 상인들의 실제 소득은 매우 적고, 하루 벌어 하루의 생계를 잇는다고 한다. 정말 남녀노소 할 것 없이 모두 이렇게 물건을 팔았다.

그런데 물건을 파는 여성들의 화려한 네일아트가 눈에 띄었다. 분명 그녀들의 하루 소득을 생각해보면 엄청난 투자였다. 네일아트의 가격은 우리나라와 비슷하거나 조금 저렴한 편이지만, 인조 손톱을 붙이면 50달러는 든다. 월 7~10만 원을 번다면 월급의 2/3를 네일아트에 사용한 셈이다. 그녀는 인조 손톱을 닳아 없어질 때까지 붙이고 있을 거라고 말하며 두 손을 들어 자랑도 했다.

왜 이 더운 날 먼지를 마시며 힘들게 일하고 손톱에 투자하는 걸까? 그러나 나는 아무 질문도 하지 않았다. 그냥, 그들이 만족하고, 원하기 때문이다.

모든 여성은 아름다움을 원한다. 더욱 아름답고 매력적이길 바란다. 그들도 그렇다. 아프리카 여성도 아름다움을 선택할 수 있고 표현할 수 있다.

아프리카에서 화장품 파는 여자

노란색 립스틱이
어울리는 여자

우리나라에서 노란색 립스틱을 바른 여자를 본 적이 있는
가? 나는 축제나 할로윈파티에서만 본 것 같다. 노란색, 파란색,
보라색 립스틱이 얼마나 매력적인 색인지 한국에 있을 때는 전
혀 알지 못했다.

인간은 과연 언제부터 화장을 했을까?

여러 가지 설이 있지만, 석기시대에 포식자의 눈에 띄지 않
기 위해, 또는 종족이나 신분을 나타내기 위해 시작했다고 한
다. 그리고 고대에는 벌꿀이나 올리브오일을 섞어 속눈썹을 검

게 칠했고, 그리스에서는 본격적으로 인간의 자연미에 중점을 둔 화장을 시작했다. 또한, 약학과 본초학을 접목해 콜드크림을 제조하고, 로마 시대에는 헤나와 염색이 성행했다. 그리고 화장 기술과 향수 문화, 목욕 문화가 발달하며 아름다움에 대한 여성들의 욕구가 강해지기 시작했다.

우리나라에서도 화장품을 언제부터 사용했는지 정확한 기록은 없지만, 청동거울과 장신구에서 그 흔적을 찾아볼 수 있다. 또한, 신라 시대에는 하얀 피부를 선호해 쌀로 만든 백분을 사용하고, 연지를 찍어 생기 있는 피부를 표현했다.

우리나라의 화장품 산업은 1960년대부터 본격화되었다. 자연스러운 화장 기법이 발달하고, 화사한 눈 화장을 하고 립스틱을 발랐다. 또한 소득 수준이 높아지며 방문 판매도 성행했다. 1970년대에는 유명 브랜드를 중심으로 다양한 제품이 출시되고, 화장품 제조 기술이 발달하며 외국에 수출하기에 이르렀으며, 화려한 컬러 메이크업이 주목받았다.

그렇다면 아프리카의 화장품 시장은 어떨까?

아프리카 화장품의 강점이라면 풍부한 천연자원에서 유래

한 건강한 원료로 제품을 만든다는 점이다. 시어버터, 올리브 오일, 바오밥오일 등을 사용한 유기농 제품이 많다.

그러나 아프리카 여성들이 좋아하는 제품은 80% 이상이 색조 화장품이다. 아프리카 여성들은 스킨케어보다 색조 화장에 더 공들이며, 화장보다 헤어스타일에 더 관심이 많다. 그래서 헤어 스타일링 제품과 체취를 감추기 위한 데오도란트 종류가 많이 팔린다.

미국의 맥M.A.C은 세계적인 화장품 브랜드로 아시아, 유럽, 캐나다 등 전 세계에 350개 이상의 매장을 두고 있으며, 아프리카 여성들이 선호하는 브랜드 중 하나이다.

우리나라의 백화점에서 처음으로 맥 립스틱을 봤을 때가 생각난다. '도대체 이런 색은 누가 바르지? 팔리긴 하나?'라는 생각이 들 정도로 색감이 다양했다. 밝은색부터 어두운색까지, 심지어 검은색도 있었다! 의아했지만, 립스틱은 붉은 계열만 있을 거라는 편견이 깨져버렸다. 아프리카 여성들이 맥 립스틱을 좋아하는 이유는 다양한 색 때문이다. 맥은 다양한 인종이 모여 사는 미국의 브랜드인만큼 세상의 모든 여성이 좋아할 만한 제품을 출시한다. 실제로 맥 립스틱은 많은 흑인 여성에게 사랑받고 있으며, 흑인 모델을 내세우기도 한다. 내가 안 팔릴 거로 생각하던 립스틱은 흑인 여성들이 선호하는 색이었다.

노란색도 마찬가지이다. 검은 피부에 노란색은 가장 매혹적이다. 발색이 매끈하고, 사람들의 이목을 집중시킨다. 처음에는 노란색 립스틱을 바른 여자가 낯설었지만, 지금은 그렇지 않다. 노란색을 완벽하게 소화하는 그녀들을 보며 나는 더욱 아프리카 뷰티 문화에 매료되고는 한다.

이토록 낯선 색을 사용하는 아프리카에 과연 우리 제품을 수출할 수 있을까? 1970년대에는 우리나라에서도 보라색과 자주색 등 어두우면서도 화려한 색이 유행했다. 보라색, 분홍색, 파란색 등의 펄이 들어간 아이섀도를 쓰고, 원색의 색조 화장품도 많이 사용했다.

혹시 어릴 때 기억나는 화장법이 있는가? 어릴 때 엄마는 늘 립 라이너를 꼼꼼히 그리셨다. 립스틱 색에 맞춘 립 라이너도 여러 개였다. 요즘은 립 라이너 안 그리시냐고 물어보면 웃으며 "그런 거 안 해. 요즘은 투 톤으로 바르는 게 예뻐."라고 하신다. 유행은 변화하기 마련이고, 화장법도 다양해지는 시대이다. 1970년대를 주름잡던 엄마도 요즘 나오는 화장품에 관심

아프리카에서 화장품 파는 여자

을 두고, 새로운 화장법을 배우며 적응해 나가신다. 과거 우리나라에 화려한 색이 유행했듯이, 아프리카라고 해서 전혀 낯선 뷰티 문화를 가진 건 아니라고 생각한다.

라이베리아 출신 데데 하워드Deddeh Howard는 모델을 꿈꾸며 미국으로 왔다. 세계적인 브랜드의 패션쇼나 광고에 흑인이 많지 않은 시절이었다. 그러나 찾아가는 에이전시마다 "흑인 모델은 이미 있다.", "흑인 모델을 원하는 브랜드가 없다."라는 말만 돌아왔을 뿐, 그녀를 원하는 곳은 한 군데도 없었다.

흑인 모델과는 계약을 꺼리는 현실에 부당함을 느낀 그녀는 사진작가 라파엘 딜러이터Raffael Dickreuter와 함께 광고계에 인종의 다양성을 촉구하는 '블랙 미러 프로젝트'를 진행했다. 이 프로젝트는 명품 브랜드의 백인 모델 화보를 그대로 흑인 모델로 대체함으로써, 백인에게 절대 뒤지지 않는 흑인의 아름다움을 보여주고자 한 프로젝트로, 실제 많은 사람의 편견을 깼다는 평을 받았다. 그리고 데데 하워드 또한 모델로서의 매력을 인정받으며 당당히 무대에 설 수 있게 되었다.

그러나 아직도 흑인은 차별과 편견에 맞서고 있는 게 현실이다. 얼마 전, '화려한 파리 패션가의 이면'이라는 기사를 통해 화려한 런웨이에서 흑인 모델이 차별받고, 가학적인 대우를 받는 사실이 폭로되었다. 이에 흑인 모델과 에이전시가 해당 브랜드를 보이콧했지만, 여전히 그들의 싸움은 진행형이다.

글로벌 브랜드 도브DOVE 또한 흑인 여성이 티셔츠를 벗으면 백인 여성으로 변하는 10초짜리 광고를 제작해 페이스북에 올렸다가 논란이 된 적이 있다.

흑인의 피부는 더럽고 백인의 피부는 깨끗하다는 인종차별적 메시지가 담겨 있다는 이유에서였다. 도브는 결국 잘못을 인정하고 광고를 내리며 사과했다. 물론, 30초짜리 전체 영상에는 다양한 인종과 연령대의 7명의 여성이 출연해 "도브 보디 워시는 모든 여성을 위한 것이며, 다양성을 축복한다."라는 메시지를 담았지만 10초짜리 영상에서는 분명 인종차별이라고 느꼈다. 의도는 그렇지 않다 하더라도 충분히 오해할 수 있는 내용이었다.

국내에서는 쌍방울이 2012년에 처음으로 흑인 모델을 발탁해 이슈가 되었다. 이너웨어 업계에서는 관행처럼 흑인 모델을 꺼려 왔는데, 쌍방울에서만 흑인 특유의 강인함과 역동적 분위

104

기가 남성적인 면모를 보여주기에 적합하며, 글로벌 마케팅에 효과적일 거라고 판단했다.

그리고 이제는 백화점, 쇼핑몰에서 흑인 모델들의 광고를 흔히 볼 수 있다. 다양한 업계에서 흑인의 매력에 대해 알 수 있으리라 생각한다.

마치 노란색 립스틱이 잘 어울리는 여자처럼 말이다.

왜 여기에는
없을까?

아프리카에는 없는 것이 많았다. 없다기보다 불편한 게 많다고 해야 할까? 대중교통도 불편했고, 큰 마트가 아니면 샴푸 하나 사기도 마땅치 않았다. 그러나 그들은 조금 더 기다릴뿐, 불편해 하지 않았다. 그리고 나도 몇 개월 지나니 익숙해졌다. 필요한 거라 생각한 물건도 없으니 아무렇지 않았다.

하지만 시간이 지나도 익숙해지지 않는 게 있었고, 꼭 있으면 싶은 게 있었다. 바로 '서비스'였다.

우리나라는 어디서든 최고의 서비스를 받을 수 있다. 미용실, 음식점, 병원 등 어디를 가나 친절한 서비스를 받는다. 일상적으로 이루어지는 친절과 배려로 서비스를 받는지조차 모르는 경우도 많다.

명동의 아무 화장품 가게에 들어가 보라. 여름에는 추울 정도로 시원한 에어컨 바람이 나오고, 직원들은 크게 환영 인사를 한다. 그리고 어떤 제품을 찾는지 묻고, 제품을 가져와 꼼꼼히 설명해준다.

국내 항공사와 외국 항공사의 서비스도 확연히 다르다. 국내 항공사는 이코노미 석에 타도 "커피 드시겠습니까? 식사 준비해드리겠습니다. 필요한 것 있으십니까?" 하고 물으며 서비스하지만, 외국 항공사는 그렇지 않다. "커피? 치킨?" 하고 묻고는 무뚝뚝하게 음식만 내려놓고 간다.

물론 서비스를 넘어, 과한 친절로 변질한 서비스를 받을 땐 불편하기도 하다. 나도 거절하지 못해서 필요하지 않은 제품을 사거나, 부담을 느낀 적이 있다. 하지만 분명한 것은, 외국은 우리나라보다 친절하지 않다는 사실이다.

에티오피아의 화장품 가게에 들렀을 때 나를 반기는 사람은 아무도 없었다. 게다가 진열대에는 먼지가 수북했다. 제품을 살피다가 유통기한 스티커를 살짝 떼보니 하나가 더 붙어 있었다. 그때가 2016년 2월이었는데, 스티커에는 2014년 12월까지라고 쓰여 있었다. 가격도 상당히 비쌌고 살 이유가 없었다. 아프리카에서의 내 첫 번째 화장품 가게 경험이다.

두 번째는 탄자니아 다르에스살람에 있는 유명한 화장품 가게였다. 입구에서부터 경호원에게 몸과 가방을 수색당했다. 치안이 나쁘고 좀도둑이 많아서겠지만 당황스러웠다. 하지만 매장 안으로 들어가니 제품이 잘 정리되어 있고, 직원들도 말을 걸어왔다. 대부분 스와힐리어를 쓰지만, 영어도 쓰기 때문에 원하는 제품을 찾을 수 있었다.

문제는 서비스였다. 상냥함을 바라지는 않았지만, 그들은 제품을 팔 의욕이 없어 보였다. 제품에 대해 물으면 제품 뒤에 붙은 설명서를 읽어보라고 했다. 외국인인 내가 스와힐리어를 읽을 수 없음은 당연했다.

제품을 팔 때마다 수당을 주거나, 우수사원 같은 걸 뽑는다면 달라지지 않을까? 한 번 더 방문하고 싶은 곳이 되지 않을까?

직원의 불친절함만이 문제는 아니었다. 내가 스킨을 찾자

아프리카에서 화장품 파는 여자

한 남자 직원을 창고로 보내더니 "네가 오늘 첫 손님이야. 장사가 잘되면 좋겠는데 손님이 안 와. 그리고 난 월급을 너무 적게 받지."라며 온갖 불만을 내게 털어놨다. 내가 서비스에 대해 묻자 당당히 지금 서비스를 하고 있다고 답하기도 했다. 창고에 간 남자 직원은 20분이 지나도 돌아오지 않고 있었다.

그사이 나는 우리나라의 서비스에 대해 이야기해주었다. 그리고 무조건 웃으면서 잘해주는 게 아니라, 제품을 필요로 하는 고객에게 제품을 추천하고 사용법을 설명하는 것만으로도 충분하다고 했다. 별 내용도 아닌데 직원들은 모두 내 이야기에 집중했고 얼굴도 한결 밝아졌다. 내가 서비스에 대해 공부하거나 직접 경험한 건 아니어서 깊이 있는 대화를 하지 못한 게 아쉬웠다.

스킨을 찾으러 간 남자 직원은 40분이 지나서야 돌아왔다. 물론 스킨의 유통기한은 지나 있었지만, 오랜 시간 제품을 찾아 헤맨 그를 위해 살 수밖에 없었다. 어쩌면 여기에 없는 것은 제품의 종류가 아니라 서비스일지도 몰랐다.

과한 친절이 아닌 소비자의 요구를 파악하고, 제품을 설명해주는 것만으로도 차별화된 서비스 전략이 될 수 있다고 생각했다.

스타트업을 시작하기 전 아르바이트를 하기로 했다. 내게는 직접 서비스를 제공해볼 경험이 필요했다. 그래서 찾아간 곳이 러쉬LUSH였다.

러쉬는 영국에 본사를 두고, 자연친화적 제품을 개발하고 제조하는 기업이다. 51개국에 935개의 매장을 두고 있으며, 한국에만 71개의 매장이 있다. 많은 브랜드 가운데 러쉬를 선택한 이유는 차별화한 서비스 때문이었다.

나는 러쉬 매장을 지나다가 나도 모르게 제품을 사고는 했다. 예쁘게 진열한 제품도 눈에 띄지만, 직원들의 친절함이 좋았다. 직원들은 늘 밝게 인사하며, 내 손등에 제품을 발라주고 향을 맡아보게 했다. 그리고 효능과 성분을 꼼꼼히 설명했다. 부담스럽지 않은 선에서 기분 좋은 쇼핑을 할 수 있었다.

하지만 출근 첫날부터 너무 힘들었다. 6시간 이상을 서 있어야 했고 고객이 오면 떨렸다. 러쉬는 아르바이트생에게 바로 제품 판매를 시키지 않는다. 러쉬의 기업 스토리와 제품마다의 성분과 사용법을 모두 이해하고 암기해야 했다.

"러쉬는 두피 모발 전문가인 마크 콘스탄틴Mark Constantine과 뷰티 테라피스트인 리즈 위어Liz Weir가 공동으로 설립한 회사이다. 그들은 미용실에서 처음 만나 자연 친화적인 제품을 만들기로 하고, 스파와 뷰티 제품을 핸드메이드로 제조했다. 그리고 '더 보디샵The Body Shop'의 주요 공급업체가 되며 지금의 러쉬로 성장했다."와 같은 창립 스토리부터 제품마다의 만들어진 계기와 성분, 효과를 이해하고 외웠다. 그래야 고객의 니즈를 파악하고 막힘없이 응대할 수 있기 때문이다. 제품 설명 브로슈어를 필기하며 외우고, 여러 번 실습했다.

물론 쉽지 않았다. "친절한 척하지 마세요", "아는 척 진짜 잘하시네요."라고 말하는 고객도 있었다. 울컥했다. 뷰티 사업이 절대 쉽지 않으리라는 걸 직감했으며, 서비스업이 극한 직업이라고 하는 이유를 알았다.

과한 친절이 아닌, 부담스럽지 않은 선에서 제품의 선택을 돕는 정도면 어떨까? 한국의 서비스와 탄자니아의 서비스를 반씩 섞으면 좋을 것 같다.

러쉬를 통해 브랜드의 방향성을 잡고, 다양한 고객의 니즈를 파악했다. 자신감도 생겼다. 한국의 서비스를 푸라하에 녹일 방법을 찾을 소중한 시간이었다.

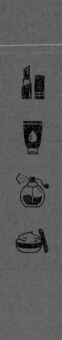

PART **3**

나는
푸라하입니다

K-뷰티 서비스를
시작하다

나는 오일을 좋아해서 아프리카에서도 오일 매장을 자주 찾았다. 가격은 우리나라의 1/4로 매우 저렴했고, 종류도 많았다. 특히 바오밥오일은 내가 사용해본 오일 중 최고였다. 자극적이지 않고 끈적임이 없어 피부에 금방 흡수되었다. '이렇게 좋은 오일을 이제야 알다니!' 너무 좋아서 아프리카에서 만난 우리나라 사람들에게 바오밥오일을 추천하고 다녔다. "《어린 왕자》에 나오는 그 바오밥나무 말이야?" 그들은 금방 호기심을 보였다.

그러나 바오밥오일은 일반 매장에서는 구하기 힘들고, 주말에 열리는 외국인 마켓에서나 구할 수 있었다. 나는 한국으로 돌아올 때도 지인들에게 선물하고 싶어 여러 병 사 왔다.

오일은 보통 겨울철 건조해지는 피부에 사용한다. 뜨거운 한여름에 오일을 바른다고 생각하면, 왠지 땀과 오일이 뒤섞여 끈적거리고, 피부가 벌겋게 타버릴 것 같다.

하지만 바오밥오일처럼 피부에 빠르게 흡수되는 오일을 바르면 한여름에도 건강한 피부를 유지할 수 있다. 특히 피부에 물기가 있는 상태에서 바르면 번들거림 없이 흡수된다.

그러나 안타깝게도 아프리카 여성들은 기초 단계에 오일을 가장 많이 사용하면서도, 밤에 듬뿍 바르고 채 스며들지 못한 오일은 화장지로 한 번 닦아내고 잠들어버렸다.

흑인의 피부에 대해 보통 매끈하고 탄탄함을 상상한다. 그러나 나는 흑인도 우리와 다를 바 없다고 생각한다. 사람마다 건조하기도 하고, 유분으로 기름지기도 할 것이다. 화농성 여드름과 좁쌀 여드름, 기미, 주근깨도 인종과 관계없이 생긴다. 단지 피부가 검어서 잘 안 보일 뿐이다. 아프리카 여성들의 최대 고민은 '블랙스팟Black Spot'이라는 검은 여드름 자국 또는 진한

점이다. 여성들은 이 블랙스팟을 지우고 싶어 한다.

할리우드의 유명 배우 안젤리나 졸리Angelina Jolie는 여러 명의 아이를 입양한 것으로 유명하다. 그런데 지난 2005년, 에티오피아에서 흑인 여자아이를 입양한 후, 흑인 아동을 차별한다는 소문이 돌기 시작했다. 흑인 자녀에게서만 유독 피부에 하얀 각질이 올라오는 사진이 찍혔기 때문이다. 졸리는 학대는 없었다고 즉각 대응했다. 흑인의 피부에 대해 무지한 것이 화근이었다.

흑인의 피부는 매우 건조해 각질이 잘 생긴다. 그래서 그들은 보디로션을 꼼꼼히 바른다. 아프리카에서 보디 케어 제품이 잘 팔리는 이유이다. 흑인 대부분은 머리와 얼굴이 기름지고, 손과 발, 몸은 건조하다. 몸에 오일을 많이 사용하는 이유가 아닐까 한다.

나는 현재 아프리카 여성들의 피부 고민을 상담하고, 피부를 건강하게 관리하기 위한 조언을 아끼지 않고 있다.

내가 처음 피부 고민을 상담한 사람은 탄자니아의 화장품 가게에서 얼굴에 바를 풋 크림을 고르던 소녀였다. 왜 굳이 얼굴에 풋 크림을 바르냐고 묻자 "그냥."이라고 대답하는 발랄한

학생이었다.

나는 그녀에게 얼굴에 바를 크림으로 수분크림과 슬리핑 크림을 추천했다. 물론 핸드크림이나 풋 크림을 얼굴에 바르면 안 되는 건 아니다. 하지만 얼굴 전용 제품보다 보습 효과를 얻기 힘들고, 실리콘 성분과 각질 유연화 성분이 모공을 막아 트러블을 일으킬 수 있다. 그러므로 보디크림은 손이나 발에 발라도 괜찮지만, 풋 크림은 손과 얼굴, 몸에는 바르지 않아야 한다. 이런 이유를 알 리 없는 그녀는 단지 풋 크림이 유분이 많다는 이유로 얼굴에도 발랐다고 한다.

"얼굴이 건조해서 로션을 꼭 바르는데, 바르고 나면 금방 얼굴에 유분기가 돌며 여드름이 난다."라는 말에 폼클렌징도 추천했다. 화장하지 않고 화려한 헤어스타일과 립스틱이 전부인 학생이라 세안제로 폼클렌징이면 충분했다. 하지만 그녀는 비누로 씻고 있어서 클렌징 제품은 필요하지 않다고 했다.

그러나 비누는 피부를 지나치게 건조하게 만든다. 수소이온 농도가 8~10에 이르는 강알칼리성 나트륨염이 피부의 결속력을 떨어뜨리고, 수분을 빼앗기 때문이다.

그렇다면 폼클렌징은 비누와 다를까? 계면활성제나 기타 성분으로 자극이 있을 수 있지만, 수소이온농도가 5~7이기 때문에 피부 장벽을 파괴하지는 않는다. 그러므로 저자극의 좋은 성분을 함유한 제품을 선택하면 세정력뿐 아니라 매끈함을 얻을 수 있다. 비누가 나쁘고 클렌징폼이 좋은 것이 아니라 적어도 얼굴에는 피부 장벽을 보호하는 세안제를 쓰는 게 바람직하다는 말이다. 결국 그녀는 폼클렌징을 구매하고, 건조한 피부에 풋 그림을 바르는 악습관을 고쳤다. 지금도 피부 고민이 있을 때마다 내게 메시지를 보내 문의하기도 한다.

아프리카 여성들은 아직도 클렌징 제품보다 비누를 많이 사용한다. 바람직한 세안법이 건강한 피부를 만든다는 사실을 알았으면 좋겠다. 그녀에게 제품을 설명하는 동안, 어느새 직원들이 내 주변에 모여 피부 고민을 이야기하고, 계절별 피부 관리법을 물었다. 나는 정성스럽게 설명하고, 가방에 있던 마스크 팩을 한 장씩 선물했다. 반응은 뜨거웠다.

그렇게 내 사업에 대한 아이디어를 하나씩 얻기 시작했다. 노란색 립스틱이 어울리는 그녀들에게 검은 피부의 아름다움을 지키는 법을 꼭 알리고 싶었다.

푸라하라는
이름의 아프리카

푸라하라고 하면 대부분 "체코 프라하예요?"라고 반문한다. 그러나 푸라하는 스와힐리어로 '행복'이라는 말이다. 스와힐리어가 낯선 사람은 영화 〈라이언 킹〉을 생각하면 된다. 주인공 '심바'는 스와힐리어로 사자라는 뜻이며, 품바가 심바에게 건네는 "하쿠나마타타."라는 말도 "모든 일이 잘 될 거야. 걱정하지 마."라는 스와힐리어이다. 스와힐리어는 케냐와 탄자니아, 우간다 등 동아프리카에서 사용하는 언어로, 보드게임 '젠가' 역시 '쌓아 올리다'라는 그들의 언어에서 유래했다.

아프리카에서 화장품 파는 여자

에티오피아를 여행할 때 '데스타Desta'라는 암하릭어 이름을 선물 받은 적이 있다. 다나킬 투어가 끝나고 랄리벨라Lalibela로 이동하기 위해 공항에 머물렀는데, 그 작은 공항에 사람이 얼마나 붐비던지 도저히 커다란 짐을 들고 빠져나갈 수가 없었다. 그때 한 현지인 아저씨의 도움으로 무사히 공항을 빠져나와 그가 운영하는 호텔까지 안전하게 이동했다.

이동하는 내내 아저씨와 여행 이야기를 했는데, 한참을 듣더니 갑자기 내게 "너에게 데스타라는 이름을 주고 싶어."라고 이야기했다. 내가 신이 나서 말하는 모습을 보니 사람들에게 행복을 줄 수 있는 사람인 것 같다고 했다. 내가 정말 그런 사람인지는 모르겠지만, 암하릭어 이름을 받은 사실에 마냥 기분이 좋았다. 그때부터 만나는 사람들에게 나를 '데스타'라고 소개했다. 이름을 들은 사람들은 모두 웃는 얼굴로 친절하게 맞아주었다.

에티오피아 여행이 끝난 후 킬리만자로를 등반할 때였다. 사람들과 잠보맘보 노래를 목청껏 부르며 신나게 올라가는데 반대편에서 내려오던 가이드가 나에게 "맘보 푸라하."라며 웃으며 인사했다. '나한테 하는 말인가?' 스와힐리어를 몰랐기에 그냥 나도 웃으며 손을 흔들었고, 그 후 가이드와 포터들이 나를 푸라하라고 부르기 시작했다. 도대체 왜 나를 푸라하라고 부르는지 묻자 가이드는 "행복해 보여서."라고 대답했다. 알고 보니 푸라하는 '행복'이라는 뜻의 스와힐리어였다.

여행 중 행복이란 말을 두 번이나 듣다니, 기분이 이상했다. 여행하는 내 모습이 정말 행복해 보이는 걸까? 행복이라는 단어를 입으로 말하는 것이 얼마 만인지 몰랐다. 오랫동안 써 본 적 없는 단어였다.

나를 '푸라하'라고 소개하면 현지인들이 매우 좋아했다. 그러다 보니 내가 정말 행복한 사람처럼 느껴졌다. 아프리카에서 내가 몰랐던 행복을 찾은 느낌이었다.

'이런 행복을 선물한 아프리카에서 내가 할 수 있는 일은 무엇일까? 무슨 일을 하며 이들과 함께 살아갈 수 있을까?'란 고민으로, 탄자니아에서 꽤 긴 시간 여행자가 아닌 구직자로서의 시간을 보냈다.

탄자니아에서는 친구의 집에 머물며, 친구가 출근할 때 나도 함께 나와 시장을 돌아다니거나, 화장품 가게를 관찰했다.

현지 시장에서 판매하는 길거리 화장품도 구매하고, 글로벌 브랜드 제품의 가격도 살폈다. 사실 현지 시장의 제품은 출처가 불분명해서 굳이 조사할 필요는 없었는데, 그냥 맛있는 망고와 옥수수를 사 먹으며 시장 분위기를 익히기 위해 매일 방문했다.

한국에서 옥수수는 먹지도 않았는데, 200실링짜리 길거리 옥수수가 왜 이렇게 맛있는지. 망고도 매일 그 자리에서 먹어 치우자, 망고 가게 아저씨는 나만 보면 직접 망고를 깎아주셨다. 이런 소소한 행복에 나는 더욱 아프리카에 살고 싶다는 생각이 들었고, 더욱 열정적으로 내가 할 수 있는 일을 찾아 헤맸다.

처음부터 사업을 꿈꾸지는 않았다. 탄자니아와 케냐에서 직장을 찾아봤지만 생활환경과 조건이 맞지 않았다. 결국 나는 할 수 있는 일을 찾지 못한 채 한국으로 돌아왔다. 한국에 오니 내가 언제 행복한 사람이었나 싶었다. 갑자기 미래가 걱정되어 정신이 피폐해졌다. 행복하지 않았다.

아프리카 여행 정보를 수집했던 네이버 카페 〈고고 아프리카〉에 글을 쓰며 여행을 정리하는 시간을 가졌다. 일기장을 꺼내고 기억을 더듬으며 여행에서 느꼈던 마음과 에피소드를 써 내려갔다. 지금 보면 손발이 오그라들지만, 글을 쓰는 내내 다시 옥수수와 망고를 사 먹으러 달려가고 싶었다. 그리고 글을 다 쓰고나니 내가 하고 싶은 일이 무엇인지 확실해졌다.

아프리카의 여성들과 나누었던 이야기를 조금 더 다듬어 아름다움에 대한 정보를 공유하고 싶었다. 아프리카 여성들에게 필요한 존재가 되고 싶었다. 그리고 스타트업 정보를 찾기 시작했다. 아프리카로 다시 갈 수 있다는 확신이 들었고, 2개월 정도 지나자 방향이 잡히기 시작했다.

그렇게 아프리카에서 선물 받은 행복을 아프리카의 여성들에게 돌려주고자, 회사 이름을 '푸라하'로 정하고, 'I WILL MAKE YOU FURAHA'라는 슬로건으로 뷰티 사업을 시작했다.

진정한 아름다움을 찾는 여성들을 위한 아프리카 뷰티 전문가가 되기로 하자 다시 행복해졌다.

사람들이 나를 보고 행복함을 느꼈다는 사실은 짜릿했다. 내 인생의 전환점은 '푸라하'라는 이름의 아프리카였다.

아프리카에서 화장품 파는 여자

아프리카를
모험하며 성장하다

나는 사업을 해본 적이 없다. 사업에는 매뉴얼도 가이드라인도 없다. 주변을 보니 경영학과를 나온다고 사업을 잘하는 것도 아니었다.

나는 가족 모두가 공무원이었기에 어릴 때부터 내가 저절로 공무원이 되는 줄 알았다. 공무원이 최고의 직업이라고 생각했다. 이런 내가 사업이라니! 꿈에도 생각해보지 않은 일이었다.

사업을 준비하자 시작도 전에 질문이 많았다. '사업은 어떻게 하는 거지? 화장품을 만들어서 팔아야 하나? 유명 브랜드 제품을 계약해서 팔면 되는 건가? 배송은 어떻게 하지? 세금은 얼마를 내야 하지? 사업자 등록증은?' 정말 하나도 몰랐다. 자기 소개서조차 써본 적 없는 내가 사업 계획서를 쓸 수 있을 리 없었다. 대학 다닐 때나 해보던 프레젠테이션은 어떻게 만들며, 퇴직금까지 탈탈 털어 여행했는데 사업 자금은 어디서 마련해야 할까. 노트북을 켜고 네이버와 구글 등 온갖 사이트를 뒤지며 내가 무엇을 해야 할지를 검색했다.

검색하며 '글로벌 K-스타트업Global K-Start Up, 혁신적인 아이디어의 창업 기업을 발굴해 국제적인 기업으로 성장하도록 돕는 정부 지원 프로그램'을 알게 되어 바로 멘토링을 신청했다. 아무 준비도 없이 판교까지 달려가 내가 선택한 멘토를 만났다. 멘토는 사업 계획서 한 장 없이 맨몸으로 달려온 나를 보며 적잖이 당황한 것 같았다. 그러나 아는 것이 없어서 무엇이 잘못된 것인지조차 몰랐다. 다행히 나의 멘토는 스타트업을 위한 준비 사항과 정부 지원 창업교육을 추천해주었다.

막상 공부를 시작하니 양이 엄청났다. 용어도 새로 익혀야 했고, 전반적인 스타트업 생태계와 경제 이슈, 경영 방법 등을 알아야 했다. 조급해하지 않고 기초부터 차근차근 공부했다.

국회도서관에 가서 매일 관련 자료를 읽고, 핀테크, 크라우드 펀딩, 4차 혁명, 플랫폼, O2O 등 처음 들어보는 단어를 찾아가며 공부했다.

세미나와 무료 교육도 많았고, 창업에 직접적인 도움을 주는 강의도 많았다. 운 좋게 한국여성벤처협회에서 진행하는 '여성 창업 교육'에 선발되었을 때는 어느 때보다 열정적으로 교육을 이수했다. 교육이 끝나니 신기하게도 아이템의 윤곽이 드러났고, 강사의 현실적인 조언으로 아이디어를 발전시킬 수 있었다.

성인이 되어서 시작한 공부이기에 목표를 이루기 위해서는 잠도 아껴야 했다. 밤새 사업 계획서를 쓰고 프레젠테이션을 만들었다. 그리고 그해 9월 건국대학교 창업 선도대학에 입학하면서 본격적으로 꿈을 실현할 기회가 왔다. 수출과 무역, 유통, 온·오프라인 판매, 해외 인증, 지식 재산, 특허에 대해 공부했다. 하지만 기쁨도 잠시, 해야 할 과제는 쏟아지고, 사업에 자신이 없어지기 시작했다.

'우리나라 화장품을 그냥 큰 가방에 넣어서 가져가 팔면 안 되나?' 하고 생각했지만, 배울수록 그렇지 않았다. 화장품을 무작정 들고 갔다면 공항에서 몽땅 빼앗겼을 것이다. 아프리카라고 해서 아무나 물건을 팔 수 있는 게 아니었다. 나라마다 식약청의 인증을 받아야 하고, 그러려면 해당 국가의 사업자 등록증이나 유통업자가 필요했다. 인증 받는 방법도, 비용도 제각각이었다. 아무튼 복잡했다. 심지어 케냐, 탄자니아, 나이지리아에 대한 정보는 너무 부족했다.

'코트라KOTRA, 대한 무역 투자 진흥 공사'에 나라별 정보를 요청하고, 해외 진출 세미나와 아카데미 등에 참석해 시장의 흐름과 생태를 배워나갔다. 파견해 있는 해외 무역관에게 전화해 궁금한 걸 물어보기도 했다. 한국에서 무작정 걸려온 전화에도 그들은 친절하게 코트라와 협업할 수 있는 지사화 서비스, 시장 조사, 바이어 발굴 요령 등을 알려주었다. 소심한 성격에 전화를 할까, 메일을 보낼까 고민이 꼬리를 물었지만, 어쩔 수 없었다. 궁금한 것은 직접 알아보는 수밖에.

시장 조사도 직접 발로 뛰었다. 원하는 가게에 들어가 제품을 살피고, 가격을 확인하고, 구매도 했다. 그리고 가게 앞에서 제품을 구매해 나오는 사람들에게 내가 하는 일을 간단히 설명하고 설문 조사를 했다. 왜 샀는지, 가격대는 적정하다고 생

아프리카에서 화장품 파는 여자

각하는지, 항상 쓰는 제품인지, 새롭게 구매한 제품인지, 재구매 주기는 어느 정도인지 설문지를 만들었다. 그렇게 땡볕에서 한참을 보내고 나면, 그들의 니즈를 파악할 수 있었다.

도매 시장은 도시에서 가장 활력이 넘치고 재미있는 곳이다. 다양한 제품군과 판매량이 좋은 제품이 무엇인지를 한눈에 알 수 있다. 물론 그들은 나를 경계하고, 외국인이라고 가격을 부풀려 말하기도 했다.

나이지리아에서 가장 잘 팔리는 제품은 자외선 차단제이다. 흑인이라고 자외선 차단제를 사용하지 않으리란 생각은 편견이다. 흑인도 자외선 차단제를 사용한다. 멜라닌 색소가 많아 피부가 잘 타지 않고, 피부 질환에 걸릴 확률이 백인보다는 낮지만, 그들도 자외선으로 인해 피부가 손상되고, 피부암에 걸리기도 한다. 오히려 피부 질환이 생겨도 티가 나지 않아 상당히 진행된 후에 발견하기도 한다.

2017년, 나이지리아의 치넬로 치도지Chinelo Chidozie와 디디 오비도아Ndidi Obidoa 자매는 처음으로 흑인을 위한 선크림을 출시했다. 하얀 선크림은 흑인이 바르면 페인팅한 것처럼 하얗게 자국이 남았다. 그래서 시어버터를 주원료로, 흑인의 피부에도 매끄럽게 녹아드는 제품을 개발한 것이다. 이처럼 그들에게는 검은 피부에 어울리는 제품 개발이 꾸준히 이루어져야 하는 실정이다.

나이지리아의 도매 시장을 다니며 재미있는 사실을 알았다. 제품 라벨에 'KOREA'라는 단어를 보고, 우리나라 제품도 수출되고 있는 줄 알았는데 알고 보니 'Design by KOREA'였고, 제조국은 중국이었다. 제조국보다 더 큰 글씨로 쓰여 있는 라벨을 보고는 한국 제품도 승산이 있다는 걸 알았다.

아프리카에도 한류 바람이 불고 있다. 우리나라 드라마와 영화를 보고 한국 제품을 찾는 것이다.

하지만 아프리카 도매 시장에 진정한 한국 제품은 없다. 다시 처음으로 되돌아가고 있었다. '물건을 가지고 가서 팔면 돈을 벌겠지.'라는 단순한 생각을 가지고 시작했으나, 합법적이고 신뢰를 쌓으며 사업할 수 있도록 인증, 배송, 세금, 유통 등의 인프라부터 갖춰야겠다고 생각했다.

사람들은 내게 묻는다. 사업을 시작하려면 무엇을 준비해야 하는지, 어떻게 시작하는지, 심지어 사업 계획서를 써달라고 하는 사람도 있다.

　나는 무엇이든 솔직하게 질문에 대답하고, 정보를 공유할 생각이 있다. 아프리카에서 무엇이 많이 팔리고, 어떤 제품에 관심이 많고, 어떻게 배송해야 하는지도 조언할 수 있다.

　하지만 직접 경험하지 않으면 절대 알 수 없는 것들이 있다. 그건 말로 표현할 수 없다. 아프리카는 분명한 목표를 가지고 몸으로 경험해보는 것이 가장 확실하다.

여행의 설렘을
비즈니스의 기대로 바꾸다

베트남을 여행하다가 우연히 마사지 숍을 운영하는 한국인 사장님을 만난 적이 있다. 30대 초반의 젊고 열정 있는 분이었다. 해외 사업을 준비하던 때여서 나는 사장님께 물어보고 싶은 게 많았다.

그는 원래 사업에 실패해 4년 내내 빚을 갚고 베트남으로 여행왔었다고 한다. 일주일을 계획한 여행이었는데, 일주일은 보름이 되고, 한 달이 되었다. 점점 자유롭고 편안한 베트남에 살고 싶은 마음이 들었다. 결국 그는 한국으로 돌아와 열심히 돈을 모았고, 베트남에 마사지 숍을 열었다. 하지만 생각과는 달리 사업은 지지부진하기만 했다. 마사지 전문 인력도 많고, 외국인 고객도 많았지만 현지인들과의 소통이 걸림돌이었다. 도대체 왜?

여행자로서의 삶과 거주자로서의 삶은 다르다. 여행할 때 만난 친절한 현지인들은 사업하러 들어오자 배타적으로 변했다. 영어를 할 줄 알면서 베트남어만 사용했고, 다시 돌아오라는 사람은 등을 돌렸다. 여행에서 느낀 자유는 없고, 한국보다 팍팍하고 외로웠다.

지금 와서 생각하면, '충분한 준비'를 하지 못한 게 아쉽다고 한다. 여행에서의 추억만 가지고 행복한 삶을 기대한 건 실수였다. 하지만 이미 돈과 시간을 많이 투자한 상태였고, 또다시 실패할 수는 없었다. 그는 베트남어와 마사지를 배우는 데 다시 시간을 들였고, 지금은 나름대로 수완을 발휘하며 2호점까지 열었다. 점점 나아지고 있다고 믿고 있다고 한다.

나도 사업을 시작하면서 나에 대해 끊임없이 의심했다. '현실에서 도피하고 싶은 걸까? 단지 여행이 그리운 걸까?' 주변에서도 여행과 사업은 다르니 현실적으로 고민하라고 조언했다. 무작정 아프리카로 가기 위해 비즈니스로 포장하는 건 옳지 않았다. 내가 정말 아프리카와 관련한 일을 원하는지, 역량은 되는지, 목표와 계획이 확실한지 고민하고 따져봐야 했다.

스타트업을 시작할 때는 마냥 좋았다. 현지 친구들에게 요즘 트렌드와 많이 사용하는 제품에 대한 설문지를 만들어 달라고 부탁하고, 모델 에이전시, 유튜브 크리에이터와 함께 콘텐츠를 만들어 온라인 커뮤니티에 올리기도 했다. '푸라하'라는 브랜드가 사람들에게 노출되면 좋을 것 같았다.

하지만 서비스 없이 커뮤니티만 운영하면서 곧 한계에 부딪혔다. 사업이 구체적이지 않아 점점 내가 무엇을 하고 있는지, 친구들에게 사업 계획만 말하며 시간을 보내는 건 아닌지 의심스러웠다.

게다가 정부에서 받은 지원금은 사용할 수 있는 곳이 한정적이었다. 해외 사업이건만, 증빙 없이는 현지에 사용할 수도, 출장비로 쓸 수도 없었다. 나는 현지의 유통 시장을 직접 조사하고 싶었다. 리서치 회사에서 받은 나라별 정보는 코트라에서 발행한 자료와 동일했고, 인터넷 검색으로는 한계가 있었다.

아프리카에서 화장품 파는 여자

사업을 시작하며 가장 힘든 건 '영어'였다. 베트남에서 만난 사장님처럼 해당 국가의 언어를 모르고 사업을 시작하는 건 모험이었다.

영어를 20년이나 배웠건만, 원어민 수준은커녕 딱 여행용 수준이었다. 바이어와의 첫 미팅 후 확신이 들었다. 입이 얼어붙어 간단한 일상 대화조차 나오지 않았고, 머리가 멍해졌다. 보다 못해 옆에 있는 사람이 통역해준 적도 있다. 그래서 지금은 꼭 전문 통역가의 도움을 받는다. 내 영어 실력이 부족하기 때문이지만, 자연스럽고 매끄러운 해석과 정확한 단어 선택을 위해서이기도 하다. 오해의 소지도 최소화하고 싶었다. 나는 사람들의 표정과 뉘앙스에 민감했다. 바이어가 정말 우리 제품과 서비스에 관심이 있는지, 그런 척하는 건지 언어보다는 표정으로 짐작해야 했다.

그래서 지금은 정말 열심히 영어를 공부한다. 매일 비즈니스 회화와 문법을 공부하고 익힌다. 일상생활에서도 영어를 사용하려고 노력 중이다. 여행에서는 보디랭귀지로 소통할 수 있지만, 비즈니스에서조차 그럴 수는 없으니까.

가끔 언어가 통하지 않아도 사업에는 지장이 없다고 하는 사람이 있다. 언어 능력이 떨어져도 일에 문제가 없으면 그것도 능력이겠지 싶다. 그만의 방법으로 글로벌 무대를 활약해온 분이니 반박할 수는 없다. 하지만 그는 항상 무언가를 모르고 있을 것이다. 언어에 장벽이 없으면 더 큰 성과를 올릴 수 있지 않았을까.

기회가 된다면 스와힐리어도 공부하고 싶다. 사실 여행에서 돌아오자마자 스와힐리어 책도 사고 학원도 등록했지만, 독학은 생각보다 어려웠다. 메신저로 현지 친구에게 도움을 받기도 했지만, 사용하는 빈도가 낮으니 금방 잊었다. 영어에 통달하면, 스와힐리어를 제대로 배워둘 생각이다.

이렇게 여행의 달콤함과 설렘은 비즈니스의 짜릿함과 기대감으로 바뀌었다. 나의 아프리카 여행은 끝났지만, 내 인생의 아프리카는 아직도 진행 중이며, 나에 대한 의심은 확신으로 바뀌었다.

아프리카 시장은
무한하고 매력적이다

아프리카는 정말 할 수 있는 일이 무궁무진하다. 자원이 풍부하고 인구가 많아 전 산업 분야에 걸쳐 발전 가능성이 높다. 나는 우물 안 개구리였어서 아프리카에 진출한 국내 기업이 전혀 없는 줄 알았다. 정부 기관과 대기업 같은 거대 자본을 가진 곳만 투자하는 곳으로 생각했는데, 착각이었다.

이미 아프리카에서는 많은 한국인이 사업을 하고 있고, 글로벌한 기업도 진출해 있으며, 상주하는 비영리재단NGO도 많다.

라즈만나Rz Manna를 구글에 검색하면 르완다의 고급 베이커

리 카페가 나온다. 평점 4.5로 맛도 보장되는 곳이다.

라즈만나는 르완다의 사회적 기업으로, 코이카의 지원 아래 한동대학교와의 파트너십으로 운영되는 빵집이다. '배워서 남 주자'라는 설립 이념으로, 한동대학교 학생들이 르완다의 취약 계층 청년들에게 제빵 기술을 가르쳐 경제적 자립을 돕는다. 팔고 남은 빵은 푸드 뱅크를 통해 보육원 등에 보내지기도 한 다. 그저 '분위기 좋은 빵집이 르완다에도 있구나.' 했는데, 우 리나라 청년들이 기여하고 있다는 사실이 자랑스럽다.

〈KBS스페셜-아프리카로 간 선생님들, 호이HoE 10년의 기록〉 이라는 프로그램을 보았다. 아프리카의 자립을 위해서는 교육 이 필요하고, 그 핵심은 아이가 아닌 '교사'라는 믿음으로 설립 한 단체에 대한 이야기였다. 어린 학생이 아닌, 교사를 교육하 는 건 처음 보았다. 그리고 정식 교사 자격증 취득을 위해 대학 까지 지원한다니, 우리나라 선생님들은 먼 아프리카 대륙에서 도 빛이 나는 구나 싶다.

이렇게 아프리카로 향하는 사람은 보통 봉사에 뜻이 있거 나, 종교적 신념을 가진 사람이 많다. 실제로 아프리카 비즈니 스 사례를 보면 월드비전 같은 구호 단체와 사회적 기업이 대

138

부분이다.

하지만 영리를 목적으로 건너가는 한인 사업가도 많다. 그들은 아프리카 시장을 '가능한 것도 많고, 불가능한 것도 많은 시장'이라고 한다. 하지만 내가 봤을 때, 아직은 '가능한 것'이 더 많은 것 같다.

2018년 10월, 나는 나이지리아에서 열리는 뷰티 박람회에 참가했다. 현지에 사업자를 내고 처음으로 진행하는 행사인 데다, 한국 기업으로는 유일해서 무척 설렜다.

하지만 문제가 한둘이 아니었다. 일단 참가비와 부스 대여비가 너무 비쌌고, 기물 비용도 터무니없었다. 게다가 테이블과 의자는 우리 콘셉트와 맞지도 않았고, 홍보 영상을 틀 모니터는 하루 대여료가 350달러나 했다! 이 정도면 한 대 사는 게 나았다. 결국 나는 의자와 테이블은 현지 업체에 제작을 맡기고, 모니터는 새로 주문을 했다.

하지만 그들이 만들어 온 테이블은 수평이 맞지 않았고 지저분하기까지 했으며, 도착한 모니터는 작동하지 않았다. 급한 대로 테이블과 의자에 시트지를 붙이고, 영상은 마지막 날에만 겨우 틀었다. 모든 일이 급박하게 진행되었다. 박람회를 준비하

면서 느낀 설렘은 순식간에 사라지고, 그저 큰 사고 없이 마무
리되기만을 바랐다.

그러나 우려와는 달리 박람회는 성공적이었다. SNS로 홍보
도 되었고, 전시 상품은 완판되었다. 게다가 오프라인 매장의
가능성도 확인했다. 현지 진출뿐 아니라 수익 창출의 가능성
을 보았기에 모두가 결과에 만족했다. 그동안 받은 스트레스는
사라지고, 행복함만 남았다. 나이지리아에서 안되는 건 없었다.
전시 테이블까지 직접 제작하느라 전전긍긍했지만, 결국 성공
이라는 값진 결실을 맺었다.

혼이 빠질 정도로 일하고 나면 긴장이 풀리며 쾌감이 밀려
온다. 내일이 기대되고 욕심난다. 아프리카에서의 사업은 매 순
간 긴장되고, 시시때때로 화가 난다. 하지만 그만큼 매력 넘치
는 시장이며, 불가능해보이지만 많은 것이 가능한 시장이다.

무모함을
성장의 기회로 바꾸는 법

사업 발표가 끝나면 항상 듣는 공통된 질문이 있다.

1. 이 사업 왜 하고 싶으세요?

2. 아프리카 여성들도 화장품을 쓰나요?

3. 이게 가능한 사업 모델인가요? 아프리카를 몇 번 방문하셨나요?

4. 아프리카에 대기업이 진출하면 어떻게 하실 건가요?

보통은 부정적인 시각의 질문이다. 심사위원들에게 아프리카가 낯선 나라이기 때문이다. 노골적으로 질문하는 심사위원

중에는 사기 아이템이라고 비아냥대거나, 세상 물정 모르는 20대 여성의 무모한 사업으로 치부하기도 했다. 그러나 나는 이런 질문에도 성심껏 대답한다. 정답인지 아닌지는 나도 모른다. 그러나 내가 선택한 일인만큼 확실히 대답할 수 있다.

1. 아프리카에 한류 제품 수출의 판로를 만들고 싶습니다. 아프리카는 세계가 주목하는 시장입니다. 한국이 진출하지 않을 이유는 없습니다.

2. 모든 여자는 아름다움을 원합니다. 아프리카 여성도 마찬가지입니다. 그들은 화려한 색조 화장을 즐기고, 뷰티에 시간과 돈을 투자합니다.

3. 불가능하다고 생각하지 않습니다. 물건을 사고파는 것은 사업의 기본입니다. 저는 아프리카에 질 좋은 한국 화장품을 판매하고 싶습니다. 몇 번 방문한 지는 중요치 않습니다. 일곱 번의 방문 모두 저에게 확신을 주었습니다.

4. 아프리카에 대기업이 진출한다는 사실은 저에게 설레는 소식입니다. 시장의 가능성을 확인할 수 있기 때문입니다. 그리고 실제로 한국의 대기업은 아프리카에 진출해 있습니다.

질문에 답을 하면 나는 결과를 기다린다. 아프리카 시장은

아프리카에서 화장품 파는 여자

미래를 예측할 수 없는 미지의 시장이다. 무모함을 용기로 바꿔 도전해볼 가치가 있는 시장이다. 그리고 나는 무모한 사람으로 남는 것이 아니라 성장하는 사람이고 싶다.

MBC의 간판 예능이었던 〈무한도전〉을 재미있게 보았다. 대한민국 평균 이하임을 자처하는 예능인들이 매주 새로운 도전을 해나갔다. 황소 대 인간의 줄다리기라든지, 전철과 달리기 시합하기, 목욕탕 물 빨리 퍼내기 같은 도저히 왜 하는지 알 수 없는 도전이었다. 그러다 이들은 가요제를 시작하고, 댄스 스포츠나 봅슬레이 같은 경기에 도전하며 국민에게 큰 감동을 주었다. 성공할 때마다 그들은 한 뼘 성장했으며, 보는 나도 함께 성취감을 느꼈다. 저런 무모함을 성장의 기회로 바꾸는 방법을 안다면 정답이 되는 걸까.

이순신 장군은 13척의 배로 133척의 왜선을 무찔렀다. 13척의 배밖에 남지 않았다고 한 게 아니라, "소신에게는 아직 13척의 배가 남아 있나이다."라며 훌륭하게 전투를 이끌었다. 긍정적인 생각으로 임하는 전투가 패할 리 없을 것 같다. 아무도 나서지 않을 때 이순신 장군은 명량해전에서 승리해 나라를 지켰다.

내게는 킬리만자로 등반이 무모한 도전이었다. 고산에 오른 적 없는 내가 킬리만자로에 오른다는 건 목숨을 거는 것과 마찬가지였다. 내가 등반을 포기했다면? 내 도전은 그저 무모함으로 남았을 것이다. 그러나 내가 정상에 올랐을 때 무모함이라는 단어는, 대견함, 용감함, 자부심과 같은 온갖 단어로 대치되었다.

사업을 시작하고 나는 가족들의 눈치를 보았다. 뭐라고 하는 사람도 없는데, 그냥 눈치가 보였다.

멘토링, 심사, 강의 같은 외부 일정이 많아 출퇴근 시간이 일정하지 않았고, 수입이 고정적이지도 않았다. 게다가 현지와 소통이 안 되거나 일이 풀리지 않을 때는 정말 좌절했다. 내가 가족들의 눈치를 보는 이유는 내가 그들의 기대를 만족시킬 수 없다는 마음 때문이었다.

코트라 CSRCorporate Social Responsibility 사업 파트너였던 아드니 Adeniyi는 나이지리아에서 '베네비치VENIVICI'라는 스파 숍을 운영하는 사업가이다. 글로벌 리더 상을 수상한 바 있는 나이지리아 청년들의 롤 모델이기도 하다. 그녀는 스파 문화조차 생소한 열악한 환경에서 스타트업을 시작했다고 한다. 뷰티에 관심이 많아 마사지 책 한 권을 구해 독학한 게 출발이었다. 그녀에게 사업 구상은 일이나 공부가 아닌 행복 그 자체였다고 한다. 여성들에게 진정한 아름다움을 가르치고, 가난한 여성들에게 일자리를 제공하리라는 목표가 있었기 때문이다. 물론 나이지리아에 스파에 대한 개념을 알리고, 시도하는 것 자체도 힘든 일이었다. 그리고 현재 그녀는 자신의 재능을 기부해 청년들과 협업하는 방식으로 새로운 비즈니스 모델을 만들고 있다. 그녀의 용기와 도전이 무모하지 않은 이유이다.

스타트업을 무모한 도전이라고 말하는 사람이 많다. 하지만 스타트업을 시작하는 청년들에게 꿈을 찾아가는 용기 있는 사람이라고 말하는 게 더 좋지 않을까. 그들에게 무모한 청년이 아닌 '기회를 만드는 청년'이라고 말해주면 좋겠다.

아프리카에 기적을 만드는
K-뷰티스쿨

2016년 5월, CSR 사업을 처음 알게 되었다. 가끔 뉴스에서 대기업의 CSR 사업 사례가 흘러나왔지만, 당시에는 관심이 없었고 나중에 코트라에서 진행하는 행사에 다니며 자연스럽게 관심이 생겼다. CSR이란 기업의 사회적 책임을 말하는데, 간단히 '기업의 재능 나눔'으로 정의하고 싶다. 국내 글로벌 기업은 대부분 CSR 사업에 적극적으로 참여한다.

아모레 퍼시픽은 뷰티 브랜드로서의 기본적인 CSR 사업을 하고 있다. 급격한 외모 변화로 고통받는 여성 암 환자에게 메

아프리카에서 화장품 파는 여자

이크업과 피부 관리 노하우를 가르치고, 핑크 리본 캠페인으로 유방암 강좌, 유방암 무료 검진, 저소득층 환자 수술비 등을 지원해 여성들의 건강을 지키는 데 앞장선다. 이런 아모레 퍼시픽의 활동을 보고 마음이 쿵 내려앉았다. 에티오피아의 아름다운 신부가 생각났다. 하얀 피부를 갖고 싶어 표백제를 바른 신부에게 흑인의 아름다움을 알려주고 싶었다.

때마침 코트라에서 CSR 사업을 모집한다는 공고가 떴다. 선정된다면 정부에서 받은 지원금의 반이 줄어들 터였지만, 아프리카 여성들에게 나의 지식을 나눌 기회가 왔다고 생각했다. 나는 또다시 과감하게 서류를 제출했다. 과연 스타트업인 푸라하를 선택해줄까?

감사하게도 푸라하는 CSR 사업에 선정되었고, 나는 곧 탄자니아로 떠나게 되었다. 스타트업을 시작한 지 1년도 되지 않아 CSR 사업이라니. "CSR 사업은 대기업만 하는 거야. 뱁새가 황새 쫓아다가 가랑이 찢어진다!" 사람들은 이런 나를 이해하지 못했고, 이럴 시간에 돈을 벌 방법을 찾으라고 말했다.

그러나 내게는 아프리카 여성들에게 자신의 아름다움을 발견하고, 나아가 자립을 도울 수 있다는 확신이 있었다.

나는 'K-뷰티스쿨'이라는 이름을 걸고 탄자니아의 다르에
스살람으로 향했다. 흑인에게 어울리는 메이크업과 피부 관리
법을 강의하기 위함이었다. 아프리카 여성 대부분은 화장이 짙
고, 화학 성분이 가득한 화장품을 쓴다. 그래서 피부 트러블도
많고, 피부 질환에 시달리기도 해 올바른 피부 관리법을 알려
줄 필요가 있었다.

메이크업을 위해서는 케냐의 유명한 메이크업 아티스트를
초청해, 검은 피부를 아름답게 표현하는 방법을 시연했다. 그리
고 나는 화장을 꼼꼼히 지우는 클렌징 방법을 설명했다.

입술과 눈에 사용한 포인트 메이크업을 지우기 위해서는
립·아이 전용 리무버를 쓸 것, 그리고 클렌징오일로 화장을 닦
아 내고, 미온수로 충분히 씻은 다음 폼클렌징으로 마무리할
것을 강의했다.

우리나라 여성들에게는 너무나 당연하고 일상적인 단계지
만, 아프리카 여성들에게는 그렇지 않다. 그녀들은 수건에 물
을 묻혀 화장을 닦아내고 비누로 세안한다. 그래서 화장품의
잔여물이 피부에 그대로 남아 많은 문제를 일으켰다.

화장은 반드시 지워야 한다. 화장을 꼼꼼히 지우지 않으면

모공을 막는 아프네 균이 활성화하면서 노화를 촉진하고 여드름과 기미가 생긴다. 또한 장시간 지속하면 유분과 피지가 뒤섞여 활성산소가 유발되고, 피부가 거칠어지며, 색소가 침착되어 염증이 생긴다. 귀찮더라도 클렌징에 공들여야 하는 이유다. 그렇지 못한 상황에서는 클렌징티슈라도 사용해야 한다.

클렌징 후에는 바로 오일을 바르기보다 스킨, 에센스, 로션, 크림 순으로 바르기를 추천했다. 제품이 한정적이라면 스킨이나 토너로 결을 정돈하고 로션이나 크림을 조금씩 펴 바르라고 했다. 실제로 아프리카 여성들은 순서를 달리하거나, 보디로션을 얼굴에 바르기도 한다.

반응은 뜨거웠고, 학생들의 만족도가 높았다. 필기 후 제품을 추천해달라고도 했다. 푸라하라는 이름처럼 학생들에게 행복을 전한 것 같아 보람찼다.

이렇게 단순한 일이 현지 여성들에게 도움이 되었다니, 사업가로서 성공한 느낌이었다. 꼭 규모 있고, 대단한 재능을 기부하는 것만이 CSR이 아니었다. 내 첫 번째 CSR 사업은 내게 확신을 주었다. 그리고 2018년 코트라 CSR 사업에 다시 지원했다. 경험을 통해 나는 더 유연해졌다.

두 번째 CSR 사업은 나이지리아의 라고스Lagos에서 진행했다. 나이지리아는 아프리카에서도 위험하기로 손꼽히는 나라이며, 청년 실업률이 높고, 여성의 사회적 진출 장벽 또한 매우 높다. 하지만 나는 아프리카에서 발전 가능성이 가장 높은 나라라고도 말하고 싶다. 그리고 나는 그들에게 필요한 것이 무엇인지 잘 알고 있었다.

나는 나이지리아의 저소득층 여성들을 상대로 '청년 기업가 정신과 글로벌 스타트업'이라는 이름을 걸고, 뷰티 스타트업의 가능성을 강연하기로 했다. 그녀들에게 나이지리아에서의 성공과 자립에 대해 이야기해주고 싶었다.

현지의 유명 뷰티 업체를 섭외한 다음, 60명의 지원자 중에 31명을 선발하고, 팀을 짜 비즈니스 아이템을 만들어보도록 했다.

먼저 우리나라의 아이디어 사례와 뷰티 생태계를 알려주고, 학생들이 직접 도전할 수 있도록 기업가 정신을 강의했는데, 3CE와 같은 우리나라의 성공한 뷰티 스타트업 사례를 통해 깊이 공감하는 모습을 보였다.

팀을 짜 아이템을 기획해보는 시간은 놀라웠다. 메이크업 아티스트, 헤어 디자이너 등 뷰티 산업에 관련한 직업인이 대

아프리카에서 화장품 파는 여자

부분이라 그런지 매우 열정적이었다. 마지막 날에는 사업 계획을 발표하는 시간을 가졌는데, 팀당 15분씩 아이디어와 운영 방법, 마케팅 방법을 양식에 맞춰 조리 있게 발표하게 했다. 예상과는 달리, 그들은 온라인을 활용해 현실 가능한 사업 모델을 발표할 정도로 수준이 높았다. 그들은 내가 가르치는 것보다 더 많이, 스스로 깨우쳐 나가고 있었다.

일등한 팀의 아이템은 '영유아 스킨케어'였다. 나이지리아는 출산율이 높아 키즈 산업이 발전해 있다. 여성을 위한 뷰티 산업이 점차 '키즈 뷰티'로 확산하는 추세이고, 자국에서 생산되는 시어버터, 알로에, 티트리 같은 저렴하면서 우수한 원료는 영유아가 사용하기에도 좋다. 이들에게는 심사위원도 큰 점수를 주었고, 아이템뿐 아니라 사업의 필요성과 가능성도 현실적이었다.

이렇게 나이지리아에서의 CSR 사업은 그녀들의 사회 진출 역량과 나이지리아 뷰티 산업의 가능성을 볼 수 있는 귀한 시간이었다. 늘 시간에 쫓겨 더 도움을 줄 수 없음이 아쉬웠다.

CSR 사업을 통해 학생들은 자신의 장점을 발견해 나갔고, 나는 내 사업 목표를 조금 더 분명히 알 수 있었다. 나이지리아 청년들에게 새로운 경험과 기회를 주고 싶다는 목표가 뚜렷해졌다.

내 경험을 공유하고, 스스로 가능성을 깨닫게 하는 일 역시 CSR 사업이 될 수 있다고 생각한다. 나로 인해 성장했다는 학생의 말에 감사했다. 앞으로도 많은 기회를 만들어 CSR 사업을 지속하고 싶다.

물론 내 사업을 하기에도 여유가 없지만, 마케팅으로 활용한다면 좋은 기회가 될 수 있는 것 같다. 또 코트라라는 든든한 지원군이 있어 걱정이 없다.

나는 2017년부터 중소기업청 재능 기부 강사로 위촉되어 초등학교부터 대학교, 그리고 기업을 다니며 '기업가 정신'에 대해 강의를 하고 있다.

학생들은 내 이야기에 귀 기울이고 아프리카를 신기해한다. 강의라기에 머쓱하지만, 강의 준비만도 한 달 넘게 걸린다. 연령대별로 어떤 이슈를 좋아하는지, 관심 직업은 무엇인지 조사하면서 학생들과의 거리를 좁혀나가려고 노력 중이다. 학생들과 소통하다 보니 내게도 에너지가 생긴다. 나와 나이 차가 없는 학생들은 SNS와 메일로 창업에 대해 물어보기도 하고, 실

152

제로 졸업 후 창업을 시작하는 학생도 있다.

꼭 아프리카가 아니어도 좋다. 나와 소통하고 새로운 시장을 간접적으로 경험하여 목표를 세운다는 것만으로도 감사하다. 학생들의 후기는 나를 더 열정적으로 만들었다. 내 경험이 학생들에게 도움이 되길 바란다. 내년에도 역시 CSR 사업에 지원할 것이며, 매해 다양한 방법으로 재능을 기부해 성장하는 푸라하가 되고 싶다.

PART **4**

아프리카
비즈니스에
필요한 것

기다려,
곧 도착할 거야

아프리카에서 누군가를 기다릴 때 가장 많이 듣는 말이 있다. "나 지금 가고 있어. 10분이면 도착해."

우리나라에서는 이 말을 들으면 정말로 10분을 기다리면 되지만, 아프리카에서는 그렇지 않다. 기약이 없다.

아프리카에도 '아프리칸 타임'이 존재한다. 에티오피아에 처음 갔을 때, 여행사에서 오기로 한 기사 때문에 비행기를 두 번이나 놓친 적이 있다. 첫째 날에는 기사가 내 가방을 늦게 가지고 와 비행기를 놓쳤다. 할 수 없이 공항 근처 호텔에서 묵었는데, 심지어 가방도 내 가방이 아니었다. 그런데 다음 날, 기사는 또다시 늦었다. 당연히 비행기를 놓쳤고, 나는 너무 서러워서 공항 바닥에 주저앉아 엉엉 울었다.

에티오피아에서는 아프리칸 타임을 '하버샤 타임'이라고 한다. 하버샤란 에티오피아인을 말하며, 늘 늦는 에티오피아인에 빗대어 붙은 이름이다.

에티오피아에서 봉사활동을 하던 친구 L은 항상 밝아서 인기 많았다. 내게 에티오피아에서의 일상을 재미있게 이야기해주던 친구였다. 이런 L도 하버샤 타임 때문에 공항에서 비행기를 놓치고 "아, XX!"이라 외치며 소리치고 운 적이 있다고 한다. 내 실수도, 내 잘못도 아닌데 아무도 책임지지 않는 현실에 화가 났다고 한다. 멀쩡히 영어를 쓰다가도 보상을 요구하면 암하릭어만 쓰는 사람도 많다고 했다. 그러면서 내게 여러 번 확인하는 습관을 들이라고 했다.

이때 잘 새겨들었어야 했다. 나는 이를 간과했다. 물론 여행 중이라면 이런 일을 겪어도 추억으로 남겠지만, 비즈니스 중이라면 상황이 달라진다.

아프리카 바이어는 시간 약속을 잘 지키는 편이지만, 다 그렇지는 않다. 나이지리아 출장 중에는 아무도 미팅에 나오지

158

않아 하루를 통째로 날린 적도 있다. 나는 혼잡한 나이지리아의 교통 상황에 대비해 늘 여유 있게 출발했다. 그런데도 약속 장소에 도착하면 2시간은 기다려야 했다.

아직도 오는 중이라고 한 바이어는 결국 오지 않았고, 연락도 되지 않았다. 그러고는 다음 날 태연히 연락이 왔다. "어제는 가다가 버스 사고가 있었어. 그런데 핸드폰도 안 터지더라고. 너무 늦은 것 같아 그냥 퇴근했어. 미안해. 우리 다시 만날래?" 처음이니까. 내게도 충분히 있을 수 있는 일이니까. 실제로 나이지리아는 네트워크 상황이 좋지 않아 통화가 끊기거나 1시간 내내 통화 중일 때가 있었다. 그래서 다시 미팅을 잡았지만, 그는 결국 오지 않았다.

'왜 오지 않는 걸까? 왜, 도대체 왜 온다고 하고 안 올까?' 이유를 알 수 없었다. 그러고는 다음 날 또 전화가 왔다. "미안해. 내일 다시 만날 수 있을까?"

처음에는 화가 많이 나서 메일도 보내고 문자도 보냈지만, 이제는 그렇지 않다. 마냥 기다리지도 않는다. 나는 내가 기다릴 수 있는 시간을 정해 놓았다. 출발 전에 차가 얼마나 막히는지, 뉴스를 보며 혹시 무슨 일이 있는지, 미팅 장소는 어떤 곳인지 고려해 기다리는 최대 시간을 정했다. 나는 사람을 기다리며 소비하는 시간을 '시간 투자'라고 생각한다. 그러니 화나지 않을 정도만 기다리고 오지 않으면 자리를 떴다.

중요한 미팅이든 친구와의 만남이든 늦는다는 건 상대방의 시간을 소중히 생각하지 않는다는 말이다. 자리를 뜨고 메시지를 남긴다. "약속 장소에서 20분이나 기다렸지만 넌 오지 않았어. 난 이만 갈게." 이런 메시지를 남겨두면, 내가 필요한 사람은 알아서 내가 있는 곳으로 올 것이다. 그들이 늦는다고 무작정 욕할 수는 없다. 자기를 기다려줄 거라고 믿는 사람일 것이다. 그들은 일상이고 지금까지 이렇게 살아왔다.

나는 '빨리빨리'가 익숙한 한국에서, 지각하지 않으려 노력하며 살아왔다. 또 미팅에 늦으면 신뢰를 줄 수 없다고 생각해 늘 서둘렀다. 나이지리아도 지각하면 상사의 눈치를 보기는 하지만 한국만큼은 아닌 것 같다. 느긋하게 생활하는 사람들이기 때문에 오히려 빨리빨리를 외치는 나를 생소해 한다. 또 내가 10분의 기다림을 1시간처럼 느끼는 사람일 수도 있다.

물론 늘 늦는 한국인 친구도 있었다. 나는 약속한 시간을 잘 지키는 편이라 항상 제시간에 도착하지만, 그 친구를 만날

160

때면 30분 정도를 멀뚱멀뚱 서 있어야 했다. 초반에는 화도 많이 냈다. 왜 항상 늦는지, 추운데 내가 얼마나 기다렸는지, 이럴 거면 왜 만나자고 했는지 따졌다. 그래도 그 친구는 늘 늦었다. 그래서 나도 약속한 시간보다 30분 정도 늦게 나갔다. 기다리는 무기력한 시간이 싫었기에 '어차피 그 친구도 늦겠지.' 싶었다. 나보다 빨리 온 친구는 왜 늦었냐며 따졌다. 이런 일을 몇 번 겪고 나니 내 친구는 이제 늦는 법이 없다.

그렇다면 아프리카에서는 항상 기다려야 할까? 나는 나만의 방법으로 문제를 해결했다. 우선, 미팅 날 아침이면 담당자에게 메시지를 보냈다. "안녕하세요. 오늘 당신과의 미팅을 매우 고대하고 있습니다." 그리고 도착 전에도 한 번 더 보냈다. "전 20분 정도 일찍 도착할 것 같아요. 기다리고 있습니다." 이렇게 미팅 전에 두어 번 메시지를 보내두면 상대방은 되도록 시간에 맞춰서 나왔다.

해외 출장 중의 약속이라면 미리 메일을 보내두자. 특히 하루 이틀 전 약속이 아니라 몇 개월 후의 약속이라면 반드시 확인 메일을 보내야 한다. 실제로 나이지리아 출장 두 달 전부터 잡은 미팅은 출발 직전까지 날짜가 여섯 번이나 바뀌었다. 내가 메일로 확인하지 않았다면 바이어는 나와의 약속을 잊고 해외로 출장을 갔을 터였다.

'부자의 사소한 습관'이라는 글을 읽은 적이 있다. 부자는 약속한 시간 전에 여유 있게 도착하고, 약속은 반드시 지킨다고 한다. 그리고 불가피한 상황이라면 며칠 전에 꼭 공지한다. 기다리는 사람의 마음을 헤아릴 줄 모르는 사람, 약속을 몇 번이고 번복하는 사람은 피해야 할 비즈니스 파트너이다. 신뢰를 위해 노력해야 한다.

비즈니스 목적으로 아프리카를 방문한다면, 본인만의 규칙을 만들자. 출장 기간은 정해져 있다. 그들의 시간에 끌려다니면 아무 일도 할 수 없다. 시간을 주도해야 성과가 있다.

아프리카에서 화장품 파는 여자

이해하고
받아들여라

문화도 다른데 언어까지 다르면 서로를 이해하기가 쉽지 않다. 친구, 동료, 연인 심지어 가족도 언어가 다르면 오해가 생기기 십상이다.

나이지리아에서 만난 바이어는 대화할 때마다 "Understand?" 하고 물었다. 나는 잘 듣고 있었다. '내가 이해 못한 줄 아나? 내가 영어를 못해서 무시하나?' 온갖 생각이 들었다. 하지만 나도 모르게 "응." 하고 소심하게 대답했다. 심지어 그는 전화통화 중에도, 가벼운 대화 중에도 말이 끝나면, "Understand?" 하고 덧붙였는데, 그때마다 기분이 나쁘고, 당황스러웠다. '나를 무

시하는 게 확실하군.'

나랑 일하는 친구도 내게 업무 중에 "Understand?" 하고
물었다. "나 다 알고 있고, 다 알아들었으니까 그렇게 말하지
마."라고 경고하자, 친구는 눈이 동그래져 물었다. "내가 기분
나쁘게 했어?"

알고 보니, 'Understand'는 "내 말 알아들었어?"의 뜻이 아
니라, 가볍게 동의하는지를 묻는 뜻으로 쓰는 단어였다. 그러고
보니, 그들은 나뿐 아니라 다른 사람과 대화할 때도 자주 썼다.
나는 그제야 오해를 풀었다.

여행을 다니고, 미국 드라마를 애청했지만 익숙해지지 않는
게 있었다. 바로 우리나라에서 '미안하다'라는 의미로 쓰는 단
어인 'Sorry'였다. 정말 외국인들은 말을 잘못 들어도, 길을 비
켜주면서도, "Sorry."라고 했다. 내가 버스를 놓쳤을 때도, 옆에
있던 외국인이 나를 보며 말했다. "Sorry." 도대체 네가 왜 미
안해?

알고 보니, 그들에게 'Sorry'는 "유감이야."라는 위로의 의미
였다. 마비스도 내가 실망하거나 속상한 일이 있으면, "Sorry."
라고 말을 건넸다. 그냥 상대방을 공감하는 의미로 쓰는 단

　　　　　　　　　　　　　아프리카에서 화장품 파는 여자

어였다. 지금은 나도 모르게 많이 쓰는 단어이다. "Oh, I'm Sorry."

내가 가장 많이 하는 말은 "이해할 수 없어."였다. 하나부터 열까지 이해할 수 없었다. '왜 이렇게 불편하게 사는 걸까? 조금만 노력하면 편리하게 살 수 있는데.' 한국은 편리함을 위해서 무엇이든 개발한다. 로봇청소기와 식기세척기가 보편화되었고, 편리함을 위해 산업화가 이루어졌다고 해도 과언이 아니다.

또 우리나라는 모든 일이 조직화되어 있다. 그래서 작은 문제가 생겨도 금방 원인을 찾아내 해결한다. 하지만 아프리카는 일의 조직화와는 거리가 멀다. 뭐든 즉흥적이고, 되는대로였다. 사후 관리가 미흡함은 당연했다. 문제가 생길 때마다 나는 늘 물었다. "Why?" 도대체 왜!

그들은 내가 "왜?"라고 물으면 그저 웃거나, "몰라."라며 으쓱할 뿐이었다. 화병이 날 것 같았다. 문화가 다르고 살아온 환경이 다르고, 언어가 달라서 이토록 이해할 수가 없는 걸까? 그래서 나는 질문을 바꿨다.

"Why not?" 왜 안 되는데?

질문을 달리하자 변화가 생겼다. 나를 다스릴 수 있게 되었고, 그들을 조금씩 이해하게 되었다. 그들 역시 내게 마음을 열고 맞춰가려고 노력했다. 왜 안 되겠냐고 긍정적으로 생각하니 마음이 가벼워졌다. "Why not?"이라는 말은 나를 긍정적으로 이끌어주는 마법의 단어가 되었다.

육로를 이용해 나이지리아에서 카메룬으로 이동한 적이 있다. 비행기를 타면 2시간밖에 걸리지 않는 거리인데도, 한화로 40만원은 내야 한다. 아프리카는 이상하게 대륙 내에서의 이동이 더 비싸다. 아프리카를 여행하면 비행기 값이 제일 많이 든다.

육로로 카메룬에 가기 위해서는 나이지리아의 칼라바Calabar라는 도시를 거쳐야 했다. 예전에 에티오피아에서 탄자니아까지 반나절을 달려 여행한 생각도 나고, 서아프리카는 처음이어서 설렜다. 그런데 역시 문제가 한둘이 아니었다.

우선 버스에 사람보다 짐이 먼저 실렸다. 짐은 트렁크나 지붕에 마구 매달렸고, 사람들 사이사이에 우겨넣어 위태로워 보였다. 사람이 짐을 가지고 타는 게 아니라, 짐 더미에 사람이 얹혀가는 것 같았다. 또 카메룬 국경까지 가려면 버스에서 SUV 차량으로 갈아타는데, 기사까지 5명이 타는 차량임에도 7명이 탔다. 보조석에 2명이 타고 뒤에는 4명이 끼어 탔다. 어김없이 지붕에는 짐이 위태롭게 매달려 있었다.

국경을 넘는 것은 보통 일이 아니었다. 한 치 앞도 보이지 않는 어둠을 달렸다. 검문소는 우리를 지켜주는 곳이 아니라 돈을 받는 곳이었다. 내 황열병 예방 접종 증명서가 구겨져 글자가 보이지 않는다며 돈을 내라고 했다. 또 아시아인이니 돈을 더 내라고도 했다. 네 번째 검문소에서는 현지인들이 오히려 내 편을 들어주었다. "저 여자, 오는 길에 돈을 다 뜯겨 현금이 하나도 없어요. 기사가 집까지 데려다줄 예정이에요."라며 거짓말도 해주었다.

이번에는 어둠 속에서 차가 우두커니 멈춰버렸다. 모두가 내려 차를 밀었고, 결국 한참 뒤에 온 다른 차에서 장비를 빌려 고친 후 출발할 수 있었다. 칼라바에서 카메룬의 림베Limbe에 도착하기까지 19시간이 걸렸다. 잠도 못 자고, 돈도 뜯기고, 불편한 자세로.

나는 차를 타고 달리면서 계속 마비스에게 물었다. "왜? 왜 이렇게 타고 가는 거야? 정원이 5명이잖아. 왜 7명이 타고 가는 거야?" 그가 말했다. "여기는 아프리카잖아. 그냥 이해하고 받아들여야 해. 그렇지 않으면 목적지에 갈 수 없어." 그의 말이 맞다. 여기는 아프리카다.

나이지리아로 돌아올 땐 플라잉 보트를 타기로 했다. 플라잉 보트는 모터보트인데, 물 위를 빠르게 날아가는 것처럼 보인다고 해서 붙은 이름이다. 4시간이면 올 수 있다고 했다. 그러나 플라잉 보트도 버스와 마찬가지였다. 짐이 먼저 실린 다음 사람이 탔다.

너무 조악해 보이는 널빤지가 의자처럼 깔려 있었고, 큰 파도가 일렁일 때마다 중심을 잃고 자빠지기를 반복했다. 짜증이 날 법도 한데 현지인들은 엉덩방아를 찧을 때마다 서로를 보며 자지러지게 웃었고, 다시 널빤지를 주워 앉았다. 나는 바닷길에서도 돈을 뜯겼다. 플라잉 보트를 탄 아시아인은 처음 본다며 돈을 2배나 내라고 했다. 그렇게 5시간 만에 나이지리아에 도착했다. 하지만 다음 날 움직일 수가 없었다. 쉴 새 없이 통통 몸을 튕기며 달려와 목이고 허리고 골반이고 안 아픈 데가 없었다.

플라잉 보트를 타고 나이지리아와 카메룬을 오가며 장사하는 사람이 많다. 침몰 사고도 잦고 해적을 만나는 일도 있다. 하지만 이들에게는 일상이다. 나처럼 이해 못할 상황이 아니라 그냥 똑같은 하루일 뿐이다.

아프리카에서 화장품 파는 여자

19시간을 운전해 국경을 넘는 기사는 이 일이 직업이고, 차가 고장 나거나, 검문소를 넘을 때마다 실랑이하는 게 일상이다. 왜 차에 정원보다 많은 사람이 타는지, 왜 짐을 위태롭게 싣는지, 왜 내게 불법적으로 돈을 달라고 하는지를 물을 수 없다. 그들의 일상을 받아들여야 한다. 그들에게는 내가 타인이다.

언어로 마음을
사로잡는 법

    아프리카는 다양한 언어를 사용한다. 구체적으로 프랑스어 21개국, 영어 19개국, 아랍어 12개국, 포르투갈어 6개국, 스와힐리어 3개국, 소토어, 스와티어, 츠와나어, 아프리칸스어 2개국이 사용한다. 그리고 영어를 공용어라 표기하는 나라도 실제로 방문해보면 영어와 고유어를 함께 쓰며, 학교에 다니지 못한 사람은 고유어만 쓰기도 한다.

    아프리카의 문화와 언어는 어느 나라에 식민 지배를 당했는지에 따라서도 차이가 있다. 영국의 지배를 받은 나라는 토착 문화와 고유어가 잘 보존된 대신, 부족 문화가 심화하고, 그들의 언어를 모르면 소통이 어렵다. 반면, 프랑스에 지배받은 나라는 프랑스어를 강요받아 토착 문화와 언어가 말살된 대신, 프랑스어를 할 줄 알면 소통이 원활하다.

물론 내가 프랑스어, 아랍어, 포르투갈어를 사용할 수 있는 건 아니니까 영어라도 잘하면 다행이었다.

여행할 때 현지인과 가까워지려면 그들의 언어를 사용하면 좋다. 외국인이 우리나라에 와서 "안녕하세요."라고 우리말로 인사하면 기분이 좋지 않은가? 나도 여행할 때는 그 나라의 간단한 인사말 정도는 공부해둔다. 가까운 중국이나 일본을 갈 때도 인사와 기본 생활 언어는 미리 외우는 편이다.

가장 어려운 언어는 에티오피아의 암하릭어였다. 감사하다는 뜻의 '아마싸그날라후'는 외우는 데 사흘이 걸렸다. 스위스 친구는 이 단어를 외우는 데 일주일이나 걸렸다며 평생 잊지 못할 거라고 했다. 이 어려운 단어를 말하면 내게 적대적이던 사람도 마음을 연다. 지나가다 나를 경계하거나 싸늘하게 쳐다보는 사람에게도 "살람노." 하고 인사하면 환하게 웃으며 반겨주었다.

언어는 예의이며, 문화에 대한 존중이다. 비즈니스를 위한 미팅 때도 언어의 힘을 느낀다. 한국에 초청된 바이어를 만날 때면, 나는 그들의 언어로 인사말을 준비했다. 케냐, 탄자니아 바이어에게 "맘보." 하고 인사하자, 피로에 지친 그들은 눈을 번쩍 뜨며 "포아." 하고 화답했다. 그러고나면 아프리카에 와 본 적이 있는지, 어떻게 언어를 알고 있는지 물으며 경직된 분위기가 풀어졌다.

아프리카에 다녀오지 않아도 당신을 만나기 위해 공부했다고 하면 좋아할 것이다. 먼저 마음의 문을 여는 게 중요하다. 물론 그들의 언어로 인사했다고 만남의 결과가 좋은 건 아니지만, 웃으면서 시작하는 만남은 비즈니스에 유리하다.

나이지리아인 대부분이 키가 크고 무서워 보였다. 특히 은행 앞에서 유니폼을 입고 서 있는 보안관들은 이방인인 나를 경계하고 싫어하는 듯했다. 내가 인사하면 살짝 웃어주는 정도였다. 그러다 어느 날, "How far?"라고 묻자, 그들은 큰 웃음과 함께 손을 내밀며 인사를 건넸다. 'How far'는 나이지리아, 더 넓게는 서아프리카에서 많이 쓰는 말로 "How are you?"와 같은 안부를 묻는 말이다. 처음에는 "얼마나 멀어?"라는 의미인

아프리카에서 화장품 파는 여자

줄 알았는데, 알고 보니 그냥 인사였다. 왜인지는 모른다. 그냥 그들의 문화이므로 나도 그들의 언어로 인사할 뿐이다. 나이지리아에 간다면 한마디만 기억하자. "How far?"

그 누구보다 반갑게 당신을 맞아줄 것이다.

'Yes Sir'도 많이 들어 본 말일 것이다. 원래는 귀족에게만 사용하던 존칭으로, 보통 남성에게 경의를 표할 때 쓰는 말이다. 여성에게는 'Ma'am'을 사용한다.

나는 'Sir'이라는 단어를 극존칭으로 생각했다. 영화에서 군인이 상급자에게 "Yes Sir." 하며 경례하는 장면을 보았기 때문이다. 하지만 이 또한 나이지리아에서는 흔히 쓰는 말이다. 그들은 내게 친절을 베풀 때 'Ma'am'이라고 말했다. 존중받는 느낌이었다.

바이어를 만날 때, 어색하고 딱딱한 분위기로 진행되는 경우가 많은데, 내가 먼저 말끝에 'Sir'이나 'Ma'am' 같은 단어를 붙이자 그들 역시 내게 'Ma'am'을 붙여주었고, 미팅은 조금 더 매끄럽게 진행되었다. 내가 당신을 존중하고 있다는 메시지를 전하면 그들도 경계가 아닌 친밀함으로 보답한다.

내가 보기에는 영어도, 아프리카식 영어가 따로 있는 것 같다. 그래서 나는 지금까지 배워온 미국식 영어가 아닌, 아프리카식 영어를 다시 배우고 있다. 아프리카식 영어는 영국의 식민 지배 탓에 영국식 영어에 가깝다.

'Better'는 미국식으로 '배럴' 정도로 발음되지만, 이들은 '배타'로 발음한다. 이렇게 듣고 말하다 보니 내 발음도 점점 딱딱해지고 있다. 어느 날, 미국 친구가 'Internet'을 '이너넷'이라고 발음하자 어색해서 나도 모르게 웃어버렸다. 나는 지금 'Internet'을 '인터넷'이라고 발음한다.

언어에 맞고 틀림은 없다. 그저 그들의 문화에 녹아들어 그들의 언어에 익숙해질 뿐이다.

아프리카에서 화장품 파는 여자

블랙 매직,
아프리카 문화를 이해하라

나이지리아인들이 무서워하는 게 있다. 바로 '블랙 매직'이라 부르는 주술이다. 어린아이부터 노인까지 모두가 무서워한다. 블랙 매직은 그들이 믿는 미신으로, 길을 걷다가 나뭇가지에 걸린 종이나 천을 만지면 가족 중 큰 사고를 당하거나 개구리, 모기, 쥐와 같은 동물로 변한다는 이해하기 힘든 내용도 있다. 참 허무맹랑한 이야기라며 다가가서 나뭇가지에 걸린 천을 만지려고 하자, 모두 기겁하며 나를 말리기도 했다. 나랑 또래인 젊은이들도 이런 미신을 믿는 것이다.

또 가족의 신체 일부를 자신만 아는 은밀한 곳에 넣어두면 꺼내 볼 때마다 돈이 생긴다고 했다. 가족의 목숨과 자신이 원하는 것을 거래하는 것이다. 그래서 사람들은 갑자기 부자가 된 사람을 보면, 블랙 매직 덕분이라고 했다. 불가능한 일이라고 반박해도 이들은 블랙 매직을 건 주술사가 체포되는 기사를 보여주며 진짜라고 굳게 믿었다. 사실일까?

도저히 말이 안 되는 이 이야기를 아프리카인들은 생각보다 굳게 믿고 두려워한다. 주술사가 나쁜 기운을 넣어 자신이 병들거나, 불우해졌다고 믿으며, 쌍둥이에게 치료 능력이 있다고 생각해 아플 때마다 찾아가 매질하는 경우도 있다. 믿기 힘든 일이지만 그들이 그렇게 믿기 때문에 이해할 수밖에 없다.

아프리카에도 어른을 공경하는 문화가 있다. 하지만 우리나라의 1970년대처럼 남아선호사상 또한 무척 강하다. 실제로 여자아이들은 여섯 살이 되면 채소를 손질하고, 설거지를 도맡는 등 집안일을 시작하며, 어린 동생을 돌본다. 빨리 결혼하고, 학업을 중단하기도 한다. 한국으로 유학온 비교적 깨어 있는 여성들도 집안일과 육아까지 혼자 책임지는 경우가 많다. 우리나라도 남아선호사상이 강한 나라였다고 하지만, 아프리카의 현실은 이제 나도 생소하게 느껴진다.

인맥도 중요하다. 학연과 지연은 어느 나라에나 있지만, 남아공은 한국보다 더 심한 인맥 문화가 있다. 남아공은 인종차별 문제가 심각한 나라여서 아시아인은 불리한 일을 많이 겪는다. 이럴 때 '지인'이 있으면 아주 쉽게 문제를 처리를 할 수 있지만, 그렇지 않으면 힘들다.

내가 아직도 이해할 수 없는 거래 방식이 있는데, 바로 직거래가 아닌 현지 유통업자를 끼고 거래하는 방식이다.

아프리카에 방문에 푸라하를 소개할 때마다 "그래서 당신의 제품이 뭔가요?"라는 질문을 받았다. 여태 소개했는데, 어떤 정보가 더 필요한 건지 알 수 없었다.

나중에 알고 보니, 그들은 외국인을 신뢰할 수 있을 만한 무언가가 필요했던 거였다. 정말 거래를 할 수 있을지, 단발성 거래로만 끝나는 건 아닌지 계속 나를 의심하고, 또 의심한 것이다. 그래서 그들은 나를 신뢰할 만한 현지인 유통업자를 원했다. 1년 반이나 현지 인프라를 구축하기 위해 노력했지만, 성과가 없던 이유였다.

그래서 나는 유통업자를 끼는 대신, 푸라하의 PBPrivate Brand 제품을 출시해 직접 바이어와 상담하는 식으로 방법을 바꾸었다. 회사를 소개하고, PB 제품을 선보이고나서야, 그들은 다른 제품은 더 없느냐고 물어보았다. 그들에게 믿음을 주는 과정이었다고 생각한다.

아프리카는 대중문화가 매우 발달했다. 인구의 절반 이상이 젊은 층이어서 이들의 소비에 따라 문화가 생성된다. 나는 나이지리아 하면 '날리우드'가 떠오른다. 날리우드는 미국의 할리우드, 인도의 발리우드에 이어 세계 3위의 제작 규모를 보여주는 영화 시장이다. 하지만 매년 2,000편 이상의 영화가 제작됨에도 불구하고 정작 본 사람이 별로 없는 이유는 무엇일까? 바로 편당 600만 원으로 뚝딱 찍어내 DVD로 유통하기 때문이다. 저비용으로 고수익을 내는 것이다.

나이지리아에서도 도시에 있는 영화관에서는 자국의 영화보다 할리우드 영화를 많이 상영한다. 날리우드 영화는 보통 음반 판매점에서 DVD로 판매하며, 주로 마술, 권선징악, 신데렐라 이야기, 불륜 등을 소재로 한다. 보고 있으면 말을 알아듣지 못해도 말투와 표정으로 모두 이해할 수 있다. 기회가 되면 한 편 보는 것도 좋을 것이다.

그리고 아프리카에서 명함을 교환할 때는 반드시 명함에 서명을 해서 주자. 타인의 명함으로 거짓말하는 사람이 많다. 내 명함이 함부로 쓰이지 않게 하려면 서명을 잊지 말아야 한다. 우리나라에서는 나를 소개하기 위해, 인맥을 위해 교환하지만, 아프리카에서는 그렇지 않다.

나라별 시장을
충분히 분석하자

아프리카는 53개국이 있는 커다란 대륙이다. 나라마다 문화, 언어, 종교가 다르다. 그러므로 아프리카 시장이라고 한꺼번에 묶어서 진출하는 건 옳지 않다. '대부분 흑인이니까. 개발도상국이니까.'라며 뭉뚱그려 생각하면 실패할 수밖에 없다. 진출하고자 하는 국가의 시장 조사를 충분히 하고, 타깃을 정하는 것이 좋다.

아프리카는 아시아 다음으로 큰 대륙이고, 전 세계 인구의 15%가 살며, 다이아몬드, 석유, 금, 우라늄 등 천연자원이 풍부

아프리카에서 화장품 파는 여자

하다. 또 부족 문화가 발달해 나라마다 분위기도 다르다. 우리는 아프리카에 대해 알 수 없다. 현지에 있는 교민들도 그들을 다 알 수 없다고 말한다. 한국인이라고 우리나라의 모든 산업별 시장 동향을 알 수 없듯이, 진출하고자 하는 나라가 있다면 시간을 들여 충분히 조사하고 분석해야 한다.

아프리카인도 나라별로 외모적 특성이 다르다. 우리 눈에만 단순히 '흑인'으로 보일 뿐이다. 우리도 같은 동양인이지만, 한·중·일 외모적 특성이 미묘하게 다르지 않은가. 흑인도 동양인을 보면 '키가 작고, 눈이 작고, 피부가 하얗다' 정도의 공통점만 찾아 읽을뿐, 정확한 국가 구별은 못한다.

남아프리카에 사는 한국인 친구 '안나'를 만나러 갔을 때 사람들을 우리를 쌍둥이로 알았다. 물론 안나와 나는 아프리카 시스터이지만 피를 나눈 형제는 아니다.

새롭게 만나는 사람마다 "쌍둥이?" 하고 어김없이 물어봤다. 안나의 집에 가면 경비원이 나를 안나로 착각하여 문을 그냥 열어주는 경우도 있었다. 그들은 하루를 같이 있어도 다음 날이면 헷갈려 한다.

나도 그렇다. 모든 흑인이 비슷해 보인다. 카메룬에서는 이웃을 거래처 매니저로 착각해 열심히 공들인 적도 있다. 사람마다 외모적 특성을 집어내지 못하면 너무 똑같아 보인다.

아프리카인들끼리는 같은 흑인이어도 대충 어디에서 왔는지 알아맞힌다. 마비스와 함께 코트라에서 진행하는 아프리카 비즈니스 콘퍼런스에 참여했을 때다. 다양한 나라에서 참여했고, 나는 그들의 전통 의상과 언어로 어디에서 왔는지 추측했다. 하지만 마비스는 사람들과 인사할 때마다 정확히 그들의 언어를 썼다. "봉주르." "부에노스디아스.", "맘보."라며 얼굴만 보고도 그들의 나라를 구별했다. 또 내게 "저 분은 세네갈에서 왔을 거야. 옆에 있는 사람은 가나에서 온 것 같아."라고 귀띔해주었다. 내가 한국인, 중국인, 일본인을 구분할 수 있는 능력과 같을 것이다.

마비스의 말에 따르면, 동아프리카인은 대부분 체격이 작고, 서아프리카인은 대부분 체격이 크다고 한다. 또 이목구비와 두상에도 차이가 있다고 한다. 마비스만의 구별법이니 정확지는 않지만 이제는 나도 조금은 구별할 수 있다. 그들은 서로를 알아본다. 특히 말투와 억양을 들으면 자신들의 부족을 정확히 구별한다. 또 동아프리카가 평화로운 느낌이라면 서아프리카는 용맹한 전사 같은, 말로 설명할 수 없는 분위기가 있다.

나이지리아 바이어들은 유독 자기들과 독점으로 거래하기를 원했다. 하지만 독점 거래는 득이 될 수도, 실이 될 수도 있다. 나는 아직 독점 거래는 하지 않는다. 종종 더 좋은 계약 조건을 내거는 곳도 있지만, 독점 거래를 하면 추가 마케팅 비용을 요구했을 때 거절할 수가 없다. 내가 추가 비용을 내지 않으면 제품을 홍보하지 않을 테니 말이다. 그렇게 재고가 쌓여 되돌아오면 결국 실이 된다.

물론, 안정적이고 믿을 수 있는 유통 대기업이라면 독점 거래라 해도 단기간 성장하는 데에는 도움이 될 수도 있지만, 아직은 아니다.

2018년 9월 남아공 요하네스버그에서 진행된 '프로페셔널 뷰티 엑스포Professional Beauty Expo'에 참여했을 때이다. 남아공 첫 진출이라 무척 기대되었다. 하지만 막상 가보니 바이어 발굴을 위한 게 아닌, 소비자를 위한 박람회에 가까웠다. 남아공은 대기업 중심의 시장이라 푸라하 같은 스타트업이 자리 잡기는 쉽지 않아 보였다. 그들은 '울 워스Wool worths'나 '픽 앤 페이Pick' n pay'와 같은 매장을 두고 PBPrivate Brand 상품을 자체 개발하는 나라이다.

2018년 '대한민국 소비재 수출 대전'에도 남아공 바이어들이 왔다기에 만나러 갔지만, 여러 번 거절당했다. 그들은 상품이 아니라 제작 공장을 찾으러 왔기 때문이었다. 한국에서 직접 제품을 개발하고, 제작, 유통까지 할 곳을 찾는다고 했다. 나라별로 시장에 차이가 있다는 걸 다시 한번 깨달았다.

아프리카에서의 판매 방식으로, 방문 판매를 생각한 적이 있다. 한국 화장품의 역사를 이야기할 때 방문 판매를 빼놓을 수 없다. 엄마와 이모도 젊을 때 방문 판매를 통해 화장품을 자주 구매하셨다고 한다. 하지만 이 또한 아프리카에서는 어려울 것 같다. 한국은 아파트나 다세대 주택이 많아 방문 판매가 가능하지만, 아프리카는 아직도 마을에 집집이 모여 있는 곳이 많다. 또 '하우스 콤플렉스House Complex', '듀플렉스 하우스Duplex Hous' 형의 주거 형태가 많아 정문에는 늘 경비원이 지키고 있으며, 신원이 확인되어야 문을 열어준다. 방문 판매할 환경이 아니었다.

결국 각 나라에 맞는 현지화 전략이 필요했다. 현지인의 사업 방법을 벤치마킹하는 것도 좋다. 분명히 이해 안 되는 행동과 비즈니스 전략이 있겠지만, 이해하면 좋겠다.

여전히 많은 사람이 내게 묻는다. "아프리카 사람들은 성격이 어때요?", "캐릭터 핸드폰 케이스 좋아할까요?", "안마기 좋아할까요?"

나도 모른다. 내가 캐릭터 핸드폰 케이스를 좋아하지 않듯 그들도 사람마다 다를 것이다. 나라별 문화, 언어, 취향 모든 것이 다르므로 진출하고 싶은 나라가 있다면 열심히 공부하길 바란다.

위험 요소는 사전에
차단할 수 있다

　'거짓말'은 그들과 나를 점점 멀어지게 만들었다. 여행할 때
도 나는 그들의 거짓말에 질렸다. 투어를 위해 데리러 오겠다
는 가이드는 오지 않았고, 알고 보니 그런 가이드는 애초에 없
었다. 반 년간 끊임없이 연락했던 바이어는 내게 물건을 받지
못했다고 거짓말했다.

　가난함을 호소하며 기부금을 요구했던 친구는 이층집에 살
며 애완 원숭이를 키웠다. 계약 금액보다 더 많은 금액을 적은
청구서를 보내는 곳도 있었고, 수정을 요청하면 호탕하게 웃으
며 고쳐주었다. 처음에는 실수인 줄 알았는데 아니었다. 괜히

사업가들이 나이지리아를 서류 위조의 천국이라고 하는 게 아니었다.

여행자들에게 실시간 현지 상황을 전해 듣기도 한다. 특히 혼자 여행하는 여성들은 성추행에 쉽게 노출된다. "더 올라가면 현지인만 아는 예쁜 수영장이 있어. 너만 보여줄게."라며 달콤한 말로 접근하거나, 무작정 과일을 깎아주고, 팔찌를 채워주고, 가방을 들어준다. 알다시피 세상에 공짜는 없다.

누군가의 사진을 찍고 싶으면 꼭 먼저 물어봐야 한다. 탄자니아 세렝게티를 여행하다 마사이족을 마주쳤다. 가이드가 내려 사진을 찍어도 된다고 했다. "돈 주고 찍어야 하는 거 아니야?" 하고 물어봤지만, 기사는 단호하게 아니라고 했다. 그런데 사진을 찍자마자 그들이 다가와 말했다. "1달러."

예쁘게 나온 것도 아닌데, 나를 반긴 건줄 알았는데, 돈을 줘야 했다면 그들을 상품화한 사진을 찍지도 않았을 텐데. 아쉬웠다. 내가 하얗다는 이유만으로 그들은 나를 돈으로 생각했다.

아프리카가 위험한 이유 중 하나는 질병 때문이다. 아프리카에 가기 위해 황열병, A형 간염, 뇌수막염, 장티푸스 예방접종을 한번에 했다. 혼자 떠나는 여행인데 아프면 나만 고생이라는 걸 잘 알고 있었다. 하지만 가장 걱정되는 건 말라리아였다. 아프리카인들은 감기처럼 말라리아에 걸린다고 했다. 다행히 아프리카를 방문하면서 말라리아에 걸린 적은 없다. 하지만 한국에 돌아올 때는 말라리아 감염을 확인할 수 있는 키트와 약을 사 오고는 했다. 말라리아의 잠복기가 길게는 1년이기 때문이다.

또, 위생적이지 않은 음식을 먹으면 장티푸스와 콜레라에 걸릴 수 있고, 현지 음식을 먹고 배탈이 나는 경우도 많다. 그러므로 물은 사 마시고, 식사는 식당에서 하는 게 좋다.

최악의 질병은 '에이즈'가 아닐까 싶다. 2030년쯤이면 에이즈가 퇴치될 거라 하지만, 오히려 사하라 이남의 젊은 여성들에게 에이즈는 확산하는 추세이다. 2017년 감염자 180만 명 중 20% 이상이 15~24세 여성이고, 감염률은 남성보다 2배 이상 높다. 일자리가 없어 매춘으로 생계를 잇는 경우가 많기 때문이다. 젊은 층에 에이즈가 확산할 가능성은 75% 이상이다.

그들에게 에이즈는 사회적 문제이다. 에이즈에 걸리면 죽거나, 죽어가는 사람으로 나뉠 뿐이다. 사회 전반에 걸친 위험으로, 한 세대를 쓸어내는 데는 그리 오래 걸리지 않을 것이다. 에이즈는 아프리카의 경제, 사회, 문화를 파괴한다. 에이즈 확산을 막기 위해 각 정부에서 콘돔을 무상으로 제공하지만, 콘돔 사용법을 교육하는 곳은 없다. 학생들에게 콘돔의 역할과 사용법을 가르치는 일이 시급하다.

2006년, 남아공 대통령 제이콥 주마Jacob Zuma의 성 추문 기사로 전 세계가 발칵 뒤집힌 적이 있다. 주마는 관계를 맺은 여성이 에이즈 감염자라는 사실을 알고 있었지만, 콘돔을 사용하기는커녕 관계 후 샤워를 해서 감염을 막았다고 말했다. 다행히 그는 음성 판정을 받았지만, 에이즈 감염을 막기 위해 한 일이 고작 샤워라니, 충격이었다. 에이즈의 심각성을 인식하지 못하는 사람이 많고, 조혼 풍습으로 인해 에이즈 균에 감염된 채 태어나는 아이도 많다.

서아프리카 국가의 국경에서는 무료로 콘돔을 나눠준다. 하지만 가져가는 사람은 거의 없다. 그저 아이들이 풍선을 만들거나, 입에 물고 길게 늘어뜨리는 장난감으로 사용될 뿐이다. 물론 콘돔만이 에이즈 문제를 해결할 수 있는 건 아니다. 하지만 콘돔 기부와 사용법 교육, 올바른 성교육을 함께 진행한다면 얼마든지 확산을 막을 수 있다고 생각한다.

서아프리카를 삼켜버린 '에볼라 바이러스'도 난제로 꼽힌다. 콩고의 에볼라 강에서 발현한 에볼라 바이러스는 감염 즉시 유행성출혈열 증세를 일으키고, 일주일 이내에 50~90%의 치사율을 보인다. 실제로 콩고에서는 에볼라 바이러스로 인해 감염자 중 88%가 사망했고, 전 세계적으로 2013~2015년까지 1만 1,300명의 감염자가 사망했다.

게다가 백신이 없어 중앙아프리카에서 서아프리카로 빠르게 확산하고 있다. 에볼라 바이러스는 정확한 발현 이유를 몰라 대처가 어렵다. 또한 아프리카는 국경이 맞닿아 있어 나라 간 확산을 막을 길이 없다.

변종 바이러스도 생겨 의료 인프라와 백신이 절실한 상태이며, 에이즈와는 달리 체액이나 혈액으로, 그리고 침팬지와 고릴라 같은 동물과의 접촉으로도 쉽게 감염될 수 있다. 주기적으로 국제적 이슈가 되는 에볼라 바이러스도 간과해서는 안 될 위험이다.

아프리카에서 화장품 파는 여자

아프리카 방문을 준비하고 있다면 위생에 신경 쓰고, 모르는 사람과의 접촉은 최대한 피해야 한다. 아직도 아프리카는 말라리아, 에이즈, 에볼라와 같은 질병과 싸우는 곳이다.

'메이드 인 코리아'를 좋아하는 아프리카

아프리카인들은 한국인에게 우호적이며, 한국 제품은 고급스러운 이미지로 정착해 있다. 그래서 '메이드 인 코리아'라고 표기된 제품은 신뢰도와 선호도가 높다.

또 한류 바람이 불고 있어 한국의 엔터테인먼트에도 관심이 많다. 한국에서 왔다고 하니 〈주몽〉에 대해 물어보기도 하고, 아들을 낳으면 이름을 주몽이라 짓겠다고 한 친구도 있었다. 또 드라마 〈상속자들〉, 〈꽃보다 남자〉와 같은 신데렐라 이야기를 좋아하고, 〈태양의 후예〉를 온라인으로 시청하는 사람도 있다. 이런 환경 때문에 푸라하도 언제나 환영받는 분위기였다.

아프리카에서 화장품 파는 여자

또한 '행복'이라는 뜻의 스와힐리어여서 케냐와 탄자니아에서는 무척 반겨주었고, 나이지리아 역시 디자인과 제품 모두 한국에서 수입해왔다는 사실에 반기며 샘플을 많이 사갔다.

아프리카에서 한국의 브랜드는 쉽게 찾을 수 있다. LG와 삼성은 아프리카인들이 가장 갖고 싶어 하는 전자 기기 브랜드이다. 실제로 라고스 공항의 모든 TV는 LG의 제품이며, 부유한 친구의 집에 놀러 가면 어김없이 LG와 삼성의 제품이 있다. 국내에 잘 팔리지 않는 큰 사이즈의 TV는 아프리카로 수출된다고 생각하면 된다. 거실 문화가 발달해 홈시어터, 오디오 기기를 두는 집이 많다.

일반 쇼핑몰에도 LG와 삼성은 개별 매장이 있고 신혼부부들이 많이 찾는다. 한국 제품이 있는 집을 부잣집으로 인식하는 것 같다.

스마트폰도 빠질 수 없는 인기 품목이다. 나를 보는 사람마다 한국은 갤럭시 스마트폰이 얼마냐고 물으며, 선물로 스마트폰을 사오라고 했다.

우리나라의 기술력 역시 신뢰하는 편으로, 그들은 우리나라를 롤 모델로 삼기도 한다. 대학교를 졸업하고 한국 기업에 취직하고 싶어 하는 학생도 많고, 바이어들도 한국 제품에 관심이 많다.

이들이 중국 제품보다 한국 제품을 선호하는 이유는 내구성 때문이다. 실제로 그들은 소비재와 잡화에 관심이 많고, 중고 제품에 대한 문의도 많다. 경제가 발전하면서 보다 좋은 제품을 찾으며, 내구성이 좋은 제품이라면 중고도 좋다고 했다. 나는 소비재뿐 아니라 한국의 전자정부 시스템에 대해서도 이야기해주었다. 한국의 기술력을 배울 것을 강조했다.

아프리카인들이 '메이드 인 코리아' 제품을 신뢰하는 데는 내게도 큰 기회이다. 현지인들에게 잘 맞는 제품을 만들어 팔면 승산이 있다고 생각한다.

내가 본 아프리카는 1차 산업과 4차 산업이 공존하는 곳이다. 은행 계좌 없이 핸드폰 번호만으로 돈을 송금하는 핀테크 기술의 발생지가 케냐임을 아는 사람은 드물다. 핀테크는 케냐의 성인 인구 70%가 사용하는 기술로, 은행을 이용하기 힘든 케냐인들에게 꼭 필요한 기술이라 할 수 있다. 대도시를 벗어나면 은행이 없기 때문에, 사람들은 현금을 송금할 일이 있으면 직접 가야했다. 그래서 핀테크 기술이 보편화한 것이다. 21세기 케냐의 금융 솔루션인 셈이다.

소말릴란드라는 아프리카에서 승인조차 받지 못한 작은 나라가 있다. 영국 BBC 방송에서는 이곳 소말릴란드를 '현금이 멸종하고 있는 놀랄 만한 곳'이라고 소개했는데, 정말로 이곳 사람들은 물건을 살 때 현금이 아닌 모바일 머니로 전송해버린다. 소말릴란드인에게는 지갑이 없다. 외부 교류도 없는 나라의 반전이라고 할까? 하지만 그 이유를 알고 보면 비극적이다. 물 한 병을 사 마시려면 배낭 가득 현금을 싸서 가야 할 정도로 화폐 가치가 급락했기 때문이다. 이런 불편함을 해소하기 위한 정책이 모바일 머니 시스템인 것이다.

이런 나라가 또 있다. 2015년 짐바브웨도 초인플레이션hyper inflation, 물가 상승이 통제 상황을 벗어나 한 해에 수백 퍼센트 이상으로 물가가 오르는 현상을 견디지 못해 화폐 사용을 중단했다. 모바일 머니를 선택하는 게 그들에게는 필수일지 모르겠다. 2019년 현재 아프리카의 모바일 금융 시장은 약 14조 5천억 원으로 확대될 것으로 예상된다.

"아프리카 가서 연락은 어떻게 해?" 내가 아프리카에 간다고 하면 대부분이 하는 질문이다. 하지만 소말릴란드 같은 작은 나라도 핸드폰 보급률은 88%나 되고, 아프리카 전체 핸드폰 보급률은 80%가 넘는다. 나는 세렝게티의 초원을 달리면서도 와이파이를 사용했다.

아프리카의 핸드폰 시장은 폭발적으로 성장하고 있다. IT 강국은 이미 진출을 끝낸 상태이며, 전자상거래, 금융, 교육, O2O 서비스처럼 부가 가치가 높은 모바일 산업도 성장 중이다. 2025년까지는 사하라 이남 국가의 아프리카인 절반 이상이 모바일로 연결될 전망이다. 또한 스마트폰 가격 인하로 3G와 4G 가입자는 늘어나고 2G 가입자들은 점점 줄어들고 있다. 오프라인 소매상들도 홈페이지를 만들고, SNS로 온라인 판매도 한다. 새로운 일자리가 창출되고 수요와 공급량이 증가해 거대 시장으로 거듭났다.

인구가 많다는 것도 아프리카 시장이 밝은 이유이다. 2016년 기준 약 12억 명 이상, 나라별로는 나이지리아가 약 2억 명으로 세계 7위를 기록했다. 심지어 0~30세의 젊은 인구가 70%에 육박하며, 젊은 부자 또한 증가하는 추세이다. 전 세계적으로 노령 인구가 증가하는데다, 나이지리아는 출산률도 높다.

고대에도 국력은 나라의 크기가 아닌 인구수였다. 인구가 많으면 생산력이 뛰어나고 기술도 빠르게 발전한다. 유엔에 따르면 2100년에는 아프리카 인구가 36억 이상으로, 3명 중 1명이 아프리카 출신일 것이라 한다. 즉, 2000년 전에 8억 명을 돌파했던 아프리카인이 100년 후 약 5배로 증가한다는 말이다. 지구에서 3명 중 1명이 아프리카인이라니 상상할 수 없는 일이지만, 이들과 화합해 살아가야 함이 당연하게 느껴진다.

하지만 유엔개발계획UNDP에 따르면 아프리카의 청년 실업난은 갈수록 심해지고 있으며, 청년의 72%는 하루 2달러로 생활한다고 한다.

인구 증가는 장점이지만, 청년 실업률을 해결하지 못하면 국력을 키울 수 없다. 교육을 통해 유능한 청년들이 직업을 창출하고 아프리카를 번영하는 데 힘 써야 할 것이다. 물론 지금도 교육 수준이 높고 정보력을 가진 도시 청년들은 부정부패가 난무하는 정부에 맞서 싸우기도 한다. 정부는 청년들에게 무상 교육을 제공해 국가 발전의 잠재력을 키워야 한다. 그렇지 않으면 청년들은 무능한 인재가 되고 말 것이다.

한국으로 유학을 온 아프리카 학생들이 다 부자는 아니다. 마비스도 국가 장학생으로 발탁되어 한국에 왔고, 그의 많은 친구도 그렇게 한국에서 공부한다. 유학생들은 우리나라에서 배운 지식과 기술을 가지고, 본국으로 돌아가 현지에 맞는 시스템으로 구축하고 싶어 한다. 유능한 인재들이 살아가는 아프리카는 폭발적 성장과 함께 산업의 중심이 될 수 있으리라 생각한다.

중요한 건
인내심이다

한국인 하면 떠오르는 게 '빨리빨리' 아닐까 싶다. 실제로 아프리카에서도 한국인이라고 하면 빠르고 급한 이미지를 떠올린다. 나도 성격이 매우 급하다. 말도 빠르고, 걸음도 빠르다. 해결할 수 있는 일을 집중해서 빠르게 해결한 후 다음 일을 하는 게 효율적이라고 생각한다.

외국과 비교하면 한국은 정말 모든 게 빠른 나라이다. 주문한 음식은 5분 만에 나오고, 버스와 지하철은 제시간에 맞춰 온다. 음식 배달을 시키면 15분 만에 오며, 피자도 30분이 지나면 비용을 받지 않겠다고 하지 않았나. 이렇게 한국은 빠른 것에 익숙하다.

외국인들도 이런 한국인들의 일 처리와 부지런함을 장점으로 꼽는다. 하지만 과연 우리의 '인내심'은 어떨까?

만약 나이지리아로 출장을 가야 한다면 12월은 추천하지 않는다. 나이지리아는 세계 원유 생산국 10위 안에 드는 원유 매장 국가이다. 라고스의 바다에는 원유 시추선도 있다. 그래서 나이지리아에 가면 기름값 걱정 없이 마음껏 차를 탈 수 있을 줄 알았다. 하지만 라고스에 도착한 지 이틀 만에 나는 기름 때문에 말 그대로 폭발해버렸다.

나이지리아의 라고스는 교통 체증이 심각하고, 외국인이 운전하기 최악의 도시로 꼽힌다. 출근 시간에는 1km 이동하는 데 40분이나 걸린다. 차선은 있지만 아무도 차선을 지키지 않고, 신호가 없는 곳도 많다. 무법지대 같아서 교통사고도 잦다.

미팅을 위해 오전 7시에 직원들과 차를 타고 나왔다. 주유소 앞에는 이미 차들이 길게 줄지어 있었다. 오전 9시에 드디어 우리 차례가 왔지만, 바로 앞에서 주유소 직원이 플라스틱 통을 탕탕 치며 말했다. "기름 떨어졌어요!" 아닐 거야. 거짓말

아프리카에서 화장품 파는 여자

일 거야. 나는 곧 마음을 가라앉히고 다음 주유소로 갔다. 역시나 줄이 길게 늘어서 있었다.

기사가 갑자기 에어컨을 껐다. 기름이 없어서 에어컨을 켤 수 없다고 했다. 나이지리아의 12월 기온은 평균 36~38도이다. 게다가 도심은 매연과 먼지투성이라 창문을 열면 숨이 턱턱 막힐 지경이다. 에어컨 없이 땡볕에서 기름을 사려고 기다리는 게 너무 짜증이 났다. 덥고, 배고프고, 미팅 시간은 다가오고 있었다. 그들은 당연하다는 듯 손수건을 꺼내 땀을 닦고, 노래를 부르거나 옆 사람과 이야기를 나누며 시간을 보냈다. 내가 화난 표정을 짓고 있으니 아무도 내게 말을 걸지 않았다.

결국 나는 미팅을 놓쳤고, 종일 쫄쫄 굶은 채 더위와 싸우다 오후 4시에나 숙소로 돌아왔다. 기름은 넣지 못했고, 숙소에 오면서도 기름이 떨어질까 조마조마했다. 기사에게 왜 전날 기름을 넣지 않았느냐며 화를 냈다. 바이어에게 미안하다는 전화를 몇 번이나 했고, 그는 12월이라 그럴 수 있다며 이해했다.

주변 사람들은 내가 너무 쉽게 화낸다고 했다. 조금만 참으면 이해할 수 있을 거라 위로했다. 나는 이런 일이 반복될 걸 예감했다. 그래서 다음 날부터는 미팅 시간을 오후로 잡고, 새벽부터 기사와 기름을 사러 갔다. 나이지리아는 원유 생산국이지만 기름을 국가에서 관리하기 때문에 이런 문제가 잦다. 특히 12월은 연말이기도 하고, 크리스마스도 있어 이런 일이 더 많다고 한다. 기름을 사는 건 언제나 스트레스였다. 기름이 떨어지면 불안했고, 지나가다 줄이 짧은 주유소가 보이면 바로 주유를 했다. 인내심이 생긴 건지, 그들을 이해해서인지 모르겠지만, 나는 기다리는 법을 배우게 되었다.

더운 나라 사람들은 게으르다는 말을 들어보았을 것이다. 편견이라 말하고 싶지만 사실이다. 기후는 동식물의 발달 과정에 영향을 미친다. 사람의 기질에 영향을 미칠 거란 사실은 의심할 바 없다.

열대지방이나 고온다습한 지역에 사는 사람은 잘 움직이지 않고, 깊이 생각하지 않는다. 더운 날씨에 육체적, 정신적 활동을 하면 체온이 상승하고 쉽게 흥분하기 때문이다. 그래서 이들은 단순하게 생각하고, 게으르다. 반면, 추운 지역에 사는 사람은 쉼 없이 움직여 체온을 높이고 유지한다. 빠르게 판단하고, 적극적으로 움직인다.

아프리카인과 일한다는 건 내 인내심의 한계를 실험하는

작업 같다. 그들은 늘 느리다. 그리고 나는 기다리지 못하고 몇 번이나 독촉한다. 다행히 독촉하면 일을 바로 해결해주는 사람도 있지만, 아예 전화를 받지 않거나 메일 확인조차 안 하는 사람을 만나면 정말 폭발할 것 같다.

스파게티를 주문하고 1시간을 기다린 적도 있다. 혹시 내가 주문을 잘못했나 싶어서 세 번이나 불러 물어보았다. 식당에 온 사람들은 이런 나를 이상하게 보는 것 같았다. 한참 후에야 느긋하게 스파게티를 가지고 오는 종업원이 정말 얄미웠다.

이런 일은 아프리카에서 일상이다. 한없는 기다림에 나는 인내심을 길러야 한다는 걸 알았다. 비즈니스에서도 마찬가지다. 한국에서만 일하던 사람이라면 더욱 그렇다. 기다리지 못하면 기회를 놓칠 수 있다.

실제로 현지에서 일하는 한국인들의 고충은 이만저만이 아니다. 화를 안 내는 날이 하루도 없다는 사람도 있고, 평소 성격 좋고, 이해심 많기로 소문난 친구가 '파이터'로 불린다는 믿기지 않는 소식도 들었다. 봉사활동을 위해 아프리카에 와 현지에 취업까지 한 A는 시간이 지날수록 본인의 성격이 괴팍하게 느껴진다고 했다. 소통의 문제인지, 문화 차이인지, 그냥 본인의 성격이 이상한 건지 모르겠다고 했다. 하여튼 한국인들이 아프리카에 와 느끼는 공통된 문제는 '느리다'였다. 업무 처리가 늦어 일이 진행되지 않고, 두세 번씩 확인해야 해 피곤하다. 내가 보낸 메일은 일주일이 지난 오늘까지도 답장이 없다.

한국에서는 계좌를 만드는 데 1시간도 걸리지 않는다. 사전에 신청하면 창구에서 10분이면 만들 수 있다. 그런데 나이지리아에서는 계좌를 만드는데 보름이나 걸렸다. 인터넷뱅킹까지 신청하면 사흘이 더 걸린다. 나는 매일 은행에 들러 계좌가 만들어졌는지 물었다. 갈 때마다 왜 빨리 안 만들어주는지 이해할 수 없었다. 그렇게 힘들게 만들고 나자, 현지 업체 대표님은 내게 "정말 빨리 만드셨네요."라고 하셨다. 보름이면 빨리 만들어준 거라고 했다.

사업자를 낸다면? 한국은 세무서에 가서 신청하면 보통 10분 만에 사업자 등록증까지 받을 수 있다. 하지만 나이지리아에서는 3개월이나 걸렸다. 이 정도면 빨리 나온 거라고 했다. 사람들은 "화를 내면 더 빨리해주지 않아?"라고 묻지만, 좋은 방법은 아닌 것 같다. 그들에게도 사정이 있어 늦는 거로 생각하면 마음이 편해진다. 로마의 희극작가 플라우투스Plautus는 이렇게 말했다. "모든 문제에는 인내가 최고의 해법이다."

아프리카 사업의 성공을 위해서는 '인내심'이 필요하다. 처음에는 이해할 수 없었지만, 지금은 이해를 넘어 공감하려고 한다. 모두 나처럼 빠르고 급할 수는 없다. 성격이 급한 내게는 어렵기만 한 인내.

오늘도 나는 인내심을 기르고 있다.

나는
아프리카인이다

우리나라와 아프리카는 시차가 크다. 업무 속도도 느린데 시차까지 나니 답답하다. 나는 토종 한국인으로 성격도 급하고, 부지런하기까지 하다.

오전 6시에 일어나 밥을 먹고 일을 시작한다. 문제는 시차가 맞지 않아 오후 3시까지는 기다려야 한다는 것이다. 나이지리아와 우리나라는 8시간의 시차가 나므로 오후 5시까지 기다리는 날도 많다. 오후 5시가 되자마자 현지 직원에게 일을 확인하자, 그녀는 지금 출근했다며 아직 일도 시작하지 못했다고 했다.

하지만 왜 일을 늦게 시작하는지 닦달하지 않는다. 그냥 내가 생활 방식을 바꾸면 된다. 여유를 가지고 아프리카인의 마음으로 기다린다. 한국에서 오후 4시까지 은행 업무를 보고, 밤새 논의해 다음 날 오전 9시에 입금하면 된다. 내가 '코리아프리카인'이 되면 된다.

내가 아프리카인이 되려면 그들처럼 생각하고, 그들의 생활에 익숙해져야 한다. 아프리카에는 종교가 많다. 내 주변에는 감사 일지를 쓸 정도로 신앙이 깊은 기독교인이 대부분이다. 기독교인들은 주님께 이렇게 기도한다. "저에게 주신 이 어려움을 현명하게 극복할 수 있도록 지혜를 주세요." 또는 "지치지 않고 끝까지 해결할 수 있는 의지를 주세요."라고 말이다.

하지만 아프리카인들의 기도는 조금 다르다. "제게 주신 이 어려움을 가져가 주세요. 이 어려움을 해결해주세요." 다소 직설적이다. 프랭크라는 여덟 살 꼬마가 저녁 감사 기도를 드릴 때 "크리스마스에는 선물 대신 돈을 주세요."라고 하는 것도 보았다. 어른도 다르지 않다. "제가 직장을 잃었지만, 내일 돈이 생기게 해주세요."라고 한다. 왜 무조건 원하기만 하는지 알 수 없다. 신이 기도를 들어주면 좋겠지만, 그렇지 않다.

나는 신에게 100%를 달라고 하지 말고, 본인이 할 수 있는 것이 무엇인지 생각해보고, 간절히 기도해보라고 했다. 그들은 이해할 수 없다는 표정을 지었다. 물론 기도에 옳고 그름은 없다. 하지만 나는 그들의 기도를 들어달라고 주님께 기도를 드리기 시작했다.

나는 스타트업을 시작할 때 정부 지원을 많이 받았다. 교육과 세미나, 멘토링도 무료였고, 교재와 간식까지 제공되었다. 가난한 창업자에게 이보다 좋은 기회는 없었다. 사업 계획서를 만드는 일부터 사업 방향을 잡기까지 많은 도움을 받았다. 모든 혜택을 무료로 누렸지만, 등록금을 내더라도 나는 꼭 이 수업을 들었을 것이다. 한국에서는 대학생들도 좋은 특강이 있으면 본인의 의지로 신청해 듣는다. 아무도 끝나고 식사가 제공되는지, 기념품을 주는지를 묻지 않고 기대하지 않는다.

하지만 아프리카는 다르다. 현지에 무료 세미나나 교육을 진행하면 꼭 듣는 질문이 있다. "참석하면 밥은 주나요? 기념품은 뭐예요?" 깜짝 놀랐다. 무례하다고도 생각했다. 이들을 위해 무료 세미나를 기획했는데, 노골적으로 이런 걸 묻다니. 간혹 기념품을 받기 위해 참석하는 사람도 있는 것 같아 불편했다.

그러나 지금은 이들이 이상해보이지 않는다. 그냥 이렇게

아프리카에서 화장품 파는 여자

살아왔기 때문에 묻는 거겠지 싶다. CSR 사업을 할 때는 아예 "참석하는 분들께는 푸라하와 한국의 제품을 선물합니다. 그리고 일등한 팀에게는 특별한 선물이 있습니다. 교육을 통해 당신의 능력을 향상해보세요."라고 말했다.

이해하려 하지 말고 받아들이면 된다. 그들이 원하는 것에 대한 답변을 해주면 된다. 이제는 아예 노골적으로 묻는 사람들이 좋다. 돌려서 말하기보다 솔직한 게 편하다.

'로마에 가면 로마법을 따르라'라는 말이 있다. 아프리카에서도 아프리카의 법을 따라야 한다. 왜 라는 질문은 오히려 당신을 지치게 할 것이다. 이해가 안 되면 현지 시장에 가서 종일 그들을 관찰해보라. 그들이 무엇을 가장 많이 사는지, 소비할 때 무엇을 따지는지, 우리나라와 다른 소비 패턴을 찾아보면 도움이 된다.

관찰하다 보면 분명히 이해가 안 되고, 불합리한 것이 보인다. 그러나 그들의 말에 집중하고 그들의 삶에 녹아들어야 한다. 나를 내려놓지 않으면 힘만 든다. 그러나 그들은 아무도 힘들지 않다. 현지에서는 내가 타인이다. 아프리카에 갈 때마다 나는 주문을 외운다. '나는 아프리카인이다, 나는 아프리카인이다.'

PART **5**

아프리카 대륙에
K-뷰티를 심다

뷰티풀 아프리카를 위해 오늘도 전진한다

"아프리카 전문가세요?" 사람들이 가끔 묻는 말이다. 스타트업을 시작한지 3년이 되었다. 아직 거대한 아프리카에 대해 잘 알지 못한다. 현지에는 10~20년 거주하며 일하는 사업가도 많다. 내게 아프리카 전문가란 말은 어울리지 않는다. 나는 지금도 아프리카 시장을 배우고 경험하기 위해 자주 나가고, 여러 달 머문다. 현지 비즈니스 문화를 익히고, 그들이 나를 받아들일 수 있는 시간을 기다린다. 운 좋게 판로를 개척해 수익을 올리면 좋겠지만, 현실의 장벽은 높기만 하다.

하지만 국내 스타트업에서 '아프리카 뷰티' 시장에 대해서

만큼은 전문가란 말을 듣고 싶다. 아직도 경험해야 할 게 많지만, 아프리카 뷰티 시장에서만큼은 최고이고 싶다.

아프리카 대륙에 첫 사업자를 낸 곳은 나이지리아다. 나이지리아는 아프리카 경제의 중심지라고 할 만큼 산업이 발달하고, 젊은 부자가 많은 나라이다. 약 2억 명의 인구 중 93%가 50세 미만의 젊은 층이며, 트렌드에 민감하다. 엔터테인먼트 산업이 발달하고, 고가의 제품 판매량도 꾸준히 늘고 있다.

하지만 나이지리아는 탄자니아 같은 동아프리카의 나라와는 다르다. 동아프리카에서는 여유롭게 길을 걷고, 음식을 먹으며 자유롭게 행동할 수 있지만, 나이지리아는 그렇지 않다. 큰 쇼핑몰 밖은 위험해 차로만 이동해야 하며, 하얀 피부를 가진 사람은 범죄의 표적이 된다. 즉, 나이지리아는 아프리카의 경제 부국임과 동시에 범죄로 악명이 높은 나라이다.

나이지리아 출장을 준비할 때 10년 전 무역업을 했다는 분을 만난 적이 있다. 나이지리아에 간다고 하니 고개를 내저으며, 위험한 곳이니 안전하게 다녀오라고 여러 번 말씀하셨다. 15년 전 라고스에서 길바닥에 시체가 있는 걸 본 적이 있다고 하셨다. 나도 시체는 아니지만, 가게 앞에 모여 앉아 마리화나를 피우는 사람을 많이 보았다. 까맣게 선팅한 차 안에서 바깥 세상만 보는 게 아쉬워 몇 번이나 시장에 가볼까 했지만, 그러지 못했다.

나이지리아에서의 사업자 등록 과정은 고난 그 자체였다. 나이지리아도 한국처럼 사업자 등록은 온라인으로 진행한다. 같은 이름으로 등록된 곳은 없는지 확인하는 단계부터 약관 동의, 결제 등을 모두 온라인으로 처리한다. 말로는 간단해 보이지만, 외국인이라면 3개월은 족히 걸린다고 봐야 한다. 이유는 네트워크 환경 때문이다. 접속이 아예 안 되거나 끊기는 건 부지기수고, 같은 프로세스를 반복하라는 창이 계속 뜬다.

참다못한 나는 사업자 등록증을 발급하는 기관인 CAC로 달려갔다. 그러나 그들은 내게 돈을 요구했다. '36만 원이나 내라니. 항상 이런 식이지.' 나는 당연한 업무이니 돈을 줄 이유가 전혀 없었고, 말로 문제를 해결했다. 그리고 한국에 돌아온지 2개월이나 지나 등록이 완료되었다. 그렇게 푸라하의 첫 해외 법인이 설립되었다.

해외 법인이 설립되면 뭔가 달라져 있을 줄 알았지만, 그렇지 않았다. 나는 아직도 시작 중이고, 내가 디딜 발판을 만드는 중이다. 나이지리아에 익숙해지려면 아직 멀었다.

　많은 사람이 한국에서 아프리카 정보를 어떻게 얻는지 물어본다. 나는 주로 현지에 머물면서 발품을 팔아 정보를 얻는다. 가장 빠르고 정확한 방법이다. 물론, 아무 준비 없이 무작정 달려가는 건 무모하다. 지금은 전 세계 정보를 어디에서나 수집할 수 있고, 간접적으로 경험할 수 있다. 적절히 균형을 맞추어야 한다.

　나는 아프리카에 가기 전에는 보통 코트라와 무역협회에서 정보를 수집한다. 코트라에는 전 세계 무역관이 있기 때문에 해당 무역관 홈페이지에 가면 현지 뉴스와 시정 정보가 가득하다. 전반적인 산업 트렌드와 유망 업종 등을 찾을 수 있다.

　또 국내에서 진행하는 세미나와 콘퍼런스에도 부지런히 참여한다. 특히 2016년부터 진행된 아프리카 관련 콘퍼런스는 다 참여했다. 무료로 신청할 수 있고, 나라별 대사, 영사, 기업인, 공무원 등을 만날 수 있다. 또 콘퍼런스는 그들이 원하는 투자와 협업 가능 분야를 확인할 소중한 기회이다. 나는 이때 만난 인연으로 나이지리아에서 큰 도움을 받은 바 있다.

　첫 나이지리아 출장을 앞두고 콘퍼런스에 참여했을 때였다.

현지에서 이미 명망 있는 회사를 운영하는 기업가들이 모여 있어, 나는 바로 달려가 소개를 하고 명함을 주고받았다. 자연스럽게 대화를 유도하며 처음으로 나이지리아에 출장을 가는데, 걱정이 많다, 만약 기회가 된다면 현지에서 만나고 싶다는 의사를 전하니 흔쾌히 명함에 핸드폰 번호를 적어주었다. 나이지리아에 도착한 나는 반신반의하며 전화를 걸었는데, 정말로 그는 우리를 회사에 초대해 반갑게 맞아주었다. 내게도 이런 우연이 있었다.

세미나와 콘퍼런스에 참여한 걸 얼굴도장 찍고 명함만 돌리는 시간 낭비라 생각하는 사람도 많다. "너한테 득이 되는 게 뭐야? 도대체 왜 가는 거야? 네가 발표를 하는 것도 아니고 아는 사람도 없잖아."라고 말하는 사람도 있다. 맞는 말이다. 당장 세미나에서 득이 되거나 엄청난 정보를 취해오는 것도 아니다. 당장 내 사업에 적용할 수 있는 것도 없다. 하지만 국내에서 아프리카 시장의 흐름과 기업인들과의 네트워크를 공고히 할 수 있는 곳임은 틀림없다.

국내에서는 2년에 한 번 '한국-아프리카 경제협력회의 KOAFEC'가 열린다. 기획재정부, 아프리카개발은행, 한국수출입은

행이 공동으로 꾸린 경제협력회의로 최근에는 2018년 5월 부산 벡스코에서 진행되었다.

매회 다른 주제로 양국의 협력 발전을 논의하는 자리임과 동시에, 다양한 프로그램이 진행된다. 나는 2016년에 이어 2018년에도 참석했다. 작게 열린 아프리카 페스티벌에도 참석하고, 오랜만에 만난 친구들과 좋은 시간을 보냈다.

하지만 내가 참석한 이유는 따로 있었다. 아프리카개발은행 연차총회와 만찬에 초대받았기 때문이다. 국내 스타트업으로는 유일하다고 했다. 내가 왜? 게다가 잘 알지도 못하는 개발은행 총회에 초청되다니. 얼떨떨했지만 정말 기뻤다. 만찬에서는 투자자들과 다양한 나라에서 온 기업인을 만날 수 있었다. 그들과 이야기하는 내내 다른 세상에 온 것 같았다. 한국의 기업인으로서 참석한 건 푸라하뿐이라 뿌듯하기도 했다.

아프리카를
메이크업하라

　푸라하의 아프리카 진출은 쉽지 않았다. 한국의 제품이 중국이나 대만 등 아시아권에서 잘 팔리는 이유는 같은 동양 문화권이기 때문이다. 마케팅 전략도 잘 통하고, 제품의 쓰임도 비슷하다.

　하지만 아프리카와 남미에는 진출이 힘들다. 문화도 너무 다르고, 생김새와 피부색이 다르기 때문이다. 특히 색조는 '색상이 다양하지 않다'는 이유로 잘 팔리지 않는다. 아프리카의 화장품을 보면, 제품의 흡수를 돕기 위해 기름지고 색이 화려하며, 한국에서 보기 드문 제형인 크림파우더도 많이 쓴다.

그러나 기초 스킨케어는 잘 맞다. 문제는 가격과 용량이었다. 푸라하가 진출하기 위해서는 '현지화'가 필요했다.

출장을 갈 때, 많은 뷰티 스타트업 회사의 연락을 받는다. 샘플을 줄 테니 시장 조사를 해줄 수 있는지 묻는다. 물론 어려운 일도 아닐뿐더러 나도 소개할 제품이 많으면 좋아서 흔쾌히 수락하는 편이다. 하지만 출장을 다녀오면 왜 계약이 되지 않는지, 왜 성과가 미비한지를 끊임없이 따진다. 내가 대행료나 수수료를 받은 것도 아니고, 달라고 한 샘플도 아닌데 말이다. 손쉽게 아프리카에 진출해보고자 한 사람들은 아무 성과가 없는 것에 대해 내게 큰소리친다. 국내 유통업계에서 10~20년간 일한 분들이 이런 말을 하니, 안타깝기만 하다.

그들은 내게 개당 단가가 높은 프리미엄 제품을 주며 한탕을 노리는 듯하다. 아프리카에 부자가 많으므로 프리미엄으로 진출하면 성공할 거라 생각한다. 하지만 국내 개당 단가가 1만 원인 제품이 아프리카에 가면 해외 유명 브랜드와 같은 금액이다. 누가 '메이드 인 코리아'라고 처음 보는 브랜드 제품을 구매할까? 그들도 같은 가격이라면 프랑스의 유명 제품을 구매한다.

220

가끔 전화로 몇 시간씩 아프리카 시장에 대해 묻는 사람도 있다. "아프리카 뷰티 시장이 중국보다 큰가요? 갈 때 몇 시간이나 걸리나요? 출장 비용은 얼마나 드나요? 흑인은 가난한데 화장품을 사나요? 더운데 에어컨은 나와요?" 실제로 이런 무례한 전화를 여러 번 받았다. 처음에는 실질적인 도움이 필요해서 전화한 줄 알았는데, 30분이 지나면 점점 불편한 내용을 묻는다.

그래서 지금은 예약을 통해 상담 시간과 상담 비용을 받고 있다. 이제는 나도 노하우가 생겨서 같이 시장을 개척할 생각이 아니고, 샘플만 넘길 거면 통화가 어렵다고 이야기한다. 나는 한탕을 노리며 장사하는 게 아니고 비즈니스를 하고 있다는 말을 꼭 전한다.

아프리카에 우리나라 제품이 진출하려면 '현지화 전략'은 필수이다. 현지 여성들이 좋아하는 제품, 잘 맞는 제품을 개발하고 만들어야 한다. 우리나라는 제품의 질이 우수하고 아이디어 상품도 많아 소비자가 선택할 수 있는 폭이 넓고, 만족도도 높다. 이미 시장이 안정적이라 해도 무방하다.

하지만 아프리카는 그렇지 않다. 나는 폼클렌징을 팔고 싶어서, 클렌징 전문 회사로 무작정 찾아간 적이 있다. 대표님은 내 사업에 대해 듣고 조건 없이 판권을 넘겨주셨다. 그렇게 폼 클렌징을 들고 자신만만하게 아프리카로 들고 갔지만, 생각과는 달리 실적이 나지 않았다.

실패의 경험으로 시름시름 앓다가 멘토링을 받을 기회가 생겼다. 멘토는 해외 사업 경험이 많은 분이었고, 내 이야기를 듣고는 P&G의 해외진출 사례를 예로 들며 조언하셨다.

글로벌 생활용품 기업인 P&G는 인도네시아 시장에 뒤늦게 진출한 후발 주자였다. 시장 조사를 해보니 우리는 대용량의 리필 제품을 사서 기존의 용기에 덜어 쓰는 것과는 달리 그들은 매번 저용량 제품을 구매했다. 소득 수준이 낮아 대용량을 구매하기보다는 저용량으로 그때그때 구매하는 것이다. 그들도 대용량이 더 합리적인 걸 알지만, 선택의 여지가 없었다. 그래서 P&G는 대용량보다 저렴한 저용량 제품을 선보이고 인도네시아 시장 점유율 2위를 차지했다.

생각해보니 나이지리아도 일회용 세제를 많이 쓴다. 우리는 2kg의 가루세제를 사서 두고두고 쓰지만, 그들은 쓰고 없을 때마다 마트에 달려가 사 오기도 한다. 달걀도 낱개로 사고, 채소

아프리카에서 화장품 파는 여자

도 아주 소량으로 산다. 내가 가져간 330ml의 대용량 폼클렌징이 팔리지 않은 이유였다.

물론 마트에 가면 우리가 사용하는 보통 크기의 제품도 많다. 하지만 가격은 한국과 비슷하거나 저렴하지, 절대 비싸지 않다. 한국의 제품이 진출한다면 그들의 가격에 맞춰야 한다. 유럽, 미국의 글로벌 기업과의 가격 경쟁에서 이기려면 고려해야 할 점이다.

한국은 아프리카 진출에 있어 소극적인 경향이 있다. 아직 알려지지 않은 시장인 데다 기회를 만들기도 쉽지 않기 때문이다. 내가 아프리카의 매력에 빠진 이유는 이 모든 걸 스스로 개척할 수 있으리라는 기대 때문이다. 실제로 나이지리아에 머물 때면 매일 새로운 아이디어가 떠오른다. '아, 여기에 이런 거 있으면 좋을 텐데. 이 사람들에겐 이런 게 딱인데!' 한국에 있는 편리함을 아프리카로 가지고 온다면 어떨까? 나는 매일 메모한다.

아시아를 넘어
아프리카를 향해 나아가다

프로페셔널 뷰티 엑스포는 남아공에서 가장 유명한 박람회로 매년 주요 도시에서 번갈아가며 열린다. 남아공은 여느 아프리카와는 달리 깔끔하고, 물가가 비쌌다.

나는 이곳에서 아프리카 흑인 여성을 커스터마이징customizing, 고객의 요구에 맞춰 제품을 만드는 방식한 제품인 '티트리 마스크팩'을 전시했는데, 재미있는 건 중국인 바이어에게 인기가 아주 많았다는 사실이다. 한국의 마스크팩은 이미 중국에서도 유명했다. 그들이 "니 하오." 하고 인사할 때마다 나는 "안녕."이라고 화답하며 마스크팩에 대해 설명했다. 역시 '메이드 인 코리아'란 이유

아프리카에서 화장품 파는 여자

로 마스크팩은 많이 팔렸다.

박람회장에 흑인보다 백인이 많아 놀랐다. 나는 흑인 뷰티를 위해 왔는데 백인이 더 많다니, 혼란스러웠다. 그리고 그들은 내가 가지고 온 마스크팩에 대해 이미 알고 있었다. 우리나라 드라마에서 출연자들이 붙이고 있는 걸 봤다고 했다. 그들은 매우 흥미로워 하며 마스크팩을 많이 구매했다.

그냥 지나가는 사람들도 한국에서 온 제품이라는 이유만으로 한 번 더 관심을 가졌다. 한국 화장품 자체가 하나의 브랜드처럼 느껴졌다.

박람회는 성공적이었고, 이후 추가 구매를 하는 곳도 있었다. 예상 외로 주 구매자는 백인이었고, 그들은 이미 우리나라 화장품에 관심이 많았다.

흑인을 위한 제품이라고 생각했지만, 사실 어떤 인종이든 피부의 기능은 같다. 티트리 마스크팩은 흑인뿐 아니라 모든 인종이 사용할 수 있는 제품이다. 다만 아프리카의 환경을 생각해 끈적임이 덜하고 쾌적한 느낌을 주는 현지화된 제품일 뿐이었다.

남아공에서의 박람회는 짧지만 내게 강한 인상을 남겼다. 한 번의 방문으로 시장을 다 알 수는 없지만, 가능성을 보았다. 하지만 더 많은 경험과 현지화 전략이 필요할 것 같다. 수요가 있다고 무조건 성공할 리 없으니 말이다.

믿을 수 있는 파트너를 구하는 것은 여전히 힘들다. 또 내가 만난 나이지리아의 바이어들은 너무 많은 걸 요구했다. B 제품을 사다줄 수 있는지, 가격은 얼마인지, 최소 주문량은 몇 개인지 끊임없이 묻는다. 한국 제품을 판매하고 싶지만, 구하기 힘들다는 게 그들의 불만이었다. 마음 같아서는 당장 한국에 와서 직접 거래하라고 하고 싶지만, 한국으로 오는 절차가 복잡하다고 했다.

안타깝지만 나도 그들이 원하는 모든 걸 해줄 수는 없다. 아직도 한국과 아프리카 무역은 쉽지 않다. 나와 같이 아프리카로 떠나는 사람이 많으면 좋겠다.

물론 많은 사업가와 기업인들이 아프리카로 진출을 준비하고 있고, 이미 시작한 곳도 많다. 사람들은 내게 아프리카 시장에 빨리 진출했다고 하지만, 나보다 먼저 진출해 인프라를 구축한 사람도 많다. 중국, 미국, 유럽의 많은 나라가 하루가 다르

아프리카에서 화장품 파는 여자

게 더 많이 빠르게 투자하고 있다. 협소한 국내 시장을 넘어, 그리고 아시아 시장을 넘어 새로운 대륙으로 눈을 돌릴 때이다.

'블랙 다이아몬드', '마지막 미개발 대륙'이라 불리는 아프리카 대륙에 가장 관심이 많고, 구체적인 개발 계획과 협력을 추진하는 나라는 중국이다. 중국의 시진핑 주석은 지난 2018년 9월, '중국-아프리카 협력포럼FOCAC'을 개최해 아프리카에 600억 달러를 지원할 예정이라 밝혔다. 무상 원조 150억 달러, 신용 대출 200억 달러, 중국-아프리카 개발 금융펀드 100억 달러, 기업 투자 100억 달러, 수입품 융자펀드 50억 달러에 이르는 대규모 지원이다. 중국의 영향력 확대가 달갑지 않은 사람들은 '중국의 인프라 프로젝트는 절반가량 실적을 낼 수 없다.' '동반 성장이 아닌 투자를 빙자한 제2의 채무 식민지'라는 부정적 견해를 냈다.

그러나 중국의 신실크로드인 '일대일로One Belt, One Road' 사업은 계획만으로도 대단하다. 중국을 시작으로 중앙아시아, 서남아시아, 아프리카 일부 지역을 철도, 도로, 네트워크로 연결해 세계 최대의 플랫폼을 구성할 계획이라고 한다.

나이지리아의 칼라바에 갔을 때, 나를 중국인으로 알고

"철도는 대체 언제 만들어지는 거지?"라고 묻는 할아버지가 계셨다. 알고보니, 중국의 나이지리아 철도 사업에 관한 물음이었다. 중국은 나이지리아에 라고스에서 주요 10개 도시를 거쳐, 칼라바까지 이어지는 철도를 만들고 있다. 그래서인지 칼라바는 외국인들이 방문하는 도시는 아니지만, 아시아 요리를 파는 식당이 꽤 있었다. 물론, 계획과는 달리 진행은 더디지만, 중국의 아프리카 진출에 대한 야망을 볼 수 있다.

아프리카에서 사업하려면 중국에 대한 공부는 필수이다. 아프리카의 어떤 사업이든 중국이 개입하지 않은 곳이 없다. 심지어 중국은 아프리카의 저개발 33개국에는 무관세를 적용하고 있다. 이런 중국을 아프리카가 마다할 리 있을까?

중국인은 아프리카 어디에나 있다. 중국인의 꽌시 문화로 동포끼리 자본을 빌리고 빌려주며 가족, 친인척, 친구 등 모두가 아프리카로 들어와 차이나타운을 형성한다. 실제로 라고스에 있는 차이나타운은 규모가 굉장하다.

중국인들은 생산 현장과 직접 거래해 물건을 저렴하게 가져와 싸게 판다. 애초에 중국인 도매상과 현지인들의 경쟁이 되지 않는 구조인 셈이다.

228

중국인들이 아프리카의 도매 시장을 제패했다고 해도 과언이 아니다. 이제 아프리카 국가들의 제2외국어는 중국어가 될 것이다.

우리는 한동안 동남아와 중국 진출에 주력했다. 하지만 이제는 이를 뛰어넘어 새로운 시장으로 진출할 때라고 생각한다. 글로벌 시대에 경쟁하지 않을 이유도, 머뭇거릴 이유도 없다. 우리나라의 질 좋은 상품은 아프리카에서 환영받을 수 있다.

아프리카를 꿈꾸라

당신의 꿈은 무엇인가?

내 꿈은 대통령이었다. 아프리카를 다녀오기 전까지도 대통령이 꿈이었다. 그리고 지금은 아프리카의 '푸라하'가 되는 것이 꿈이다. 아프리카의 여성들에게 행복을 주는 사람이 되고 싶다. 아프리카를 꿈꾸는 매일이 새롭다.

혹시 꿈이 무엇인지에 대한 내 질문에 대답하지 못했거나 망설였다면 아프리카를 꿈꿔보라고 제안하고 싶다.

사람들은 내게 왜 하필 아프리카인지 묻는다. 앞서 말한 모

아프리카에서 화장품 파는 여자

든 이야기가 왜 아프리카인지에 대한 답이 될까? 나는 아직도 더 많은 아프리카를 경험하고, 느끼고 싶다.

요즘 강의를 나가면 잔소리를 하게 된다. 영어와 제2외국어를 배우라고 하고, 눈을 돌려 해외 취업을 고려해보라 한다. 또 창업에 도전하라고도 한다.

만약 내가 20대 초반에 아프리카로 배낭여행을 떠났다면, 내가 영어를 더 잘했더라면, 해외 취업을 알았더라면 지금과 다른 인생을 살고 있을까? 청년들에게 더 많은 일거리와 기회에 대해 이야기하고 싶다. 나는 더 큰 세상의 주인공이 되기 위해 치열한 경쟁에서 살아남는 법을 공부하라고 하고 싶다.

우리나라의 청년들은 다른 나라를 경험하는 데에 서툰 것 같다. 아프리카를 여행할 때에도 투어를 예약하거나, 동행을 구하지 않으면 우리나라 사람을 보기가 힘들었다. 특히 서아프리카에서는 우리나라 사람을 마주친 일이 거의 없다. 최근 방송에 아프리카 여행이 소개되면서 배낭여행과 신혼여행을 떠나는 사람이 많아졌지만, 길어봤자 한 달 정도일까? 나도 직장인이었다면 길게는 3개월, 짧게는 보름 정도 여행했을 것이다. 하지만 이렇게라도 나는 아프리카를 경험해보면 좋겠다.

킬리만자로 등반 마지막 날 우연히 우리나라 사람을 만났다. 키보 산장을 향해 올라가는데 어디선가 우리말이 들렸다. '잘못 들은 건가?' 반신반의하며 올라가보니, 어떤 아저씨가 바위에 앉아 쉬고 계셨다.

우리는 단번에 서로 한국인이라는 걸 알아보았다. 반가움에 함께 산을 올랐다. 아저씨에게는 카메라 장비가 가득했는데, 사진을 찍으며 여행을 다니신다고 했다. 하지만 등반 내내 나는 아저씨가 걱정이었다.

'저 체격으로 힘들지 않을까? 걸음을 맞춰서 오를까? 아저씨가 중간에 지치면 어떡하지?' 별의별 생각을 다 했다. 하지만 아저씨는 나보다 먼저 정상에 올랐고, 오히려 울면서 등반하는 나를 격려해주셨다. 처음 아저씨를 만났을 때는 산악 동호회에서 온 줄 알았다. 낙오해서 혼자 계신 거라고 생각했는데, 알고 보니 혼자 여행을 왔고, 킬리만자로 등반 후엔 남아공으로 넘어갈 예정이라고 했다.

이럴 수가! 아저씨가 대단해 보였다. 내가 60대가 되었을 때, 아저씨처럼 혼자 미지의 나라를 여행할 수 있을까? 그럴 용기는 있을까?

아프리카에서 화장품 파는 여자

아저씨와 함께 산에서 내려와 시내에 있는 카페에 들렀다. 내 예상과는 달리 아저씨는 에스프레소를 더블 샷으로 주문하고, 천천히 향을 음미하며 드셨다. 나는 조금 놀랐다. 당시 에스프레소란 중년의 어른이 마시는 음료가 아니라고 생각했다. 아프리카 여행은 이렇게 나와 타인에 대한 편견을 깨는 여행이었던 것 같다.

아저씨는 35년간 국가 안보를 책임졌던 육군 예비역 대령이었다. 전방에서 GP장으로 복무하고, 비무장지대에서 지뢰를 제거하셨다고 한다. 도무지 평범해 보이지 않는 이 아저씨를 나는, 선생님으로 고쳐 불렀다.

선생님은 '도전하는 삶'을 위해 아프리카에 왔다고 하셨다. 오랜 시간 일을 해왔고, 이제는 휴식이 필요한 나이이지만 정체되어서는 안 된다는 생각에 여러 나라를 여행 중이셨다. 선생님은 도전이 가장 '나를 나답게'하는 일이라 하셨다.

도전이라는 단어를 듣는 순간, 나도 킬라만자로의 정상에 오른 짜릿함이 되살아났다.

지금도 1년에 한 번씩 선생님을 뵙고, 함께 킬리만자로를 그리워한다. 선생님은 산티아고 순례길, 국토 종주, 핀란드 울트라 마라톤 등에 도전하며 여전히 안주하지 않는 삶을 살고 계신다. 앞으로 에베레스트 등반, 독일 트래킹, 남미 땅끝 방문, 극지마라톤 등에 도전할 거라며 웃으며 말씀하셨다.

선생님은 내게 "편하게 살기보다 땀 흘려 열심히, 성실히 살아라. 최선을 다하는 후회없는 삶을 살아라. 봉사하는 삶을 살아라."라며 조언하셨다. 선생님은 나를 끊임없이 응원하는 열혈 팬 같은 분이시다. 나이는 중요치 않다. 하고자 한다면 도전해보라 말하고 싶다.

아프리카라면 더할 나위 없다. 아프리카에서 기회를 엿보길 바란다.

그리고 선생님의 영향을 받아, 나도 2020년 사하라사막 마라톤에 참가할 계획을 세웠다. 일주일 동안 필수 장비만 가지고 250km의 사하라사막을 달려야 한다. '언젠간 해야지.' 생각만 하고 있던 마라톤. 이번에는 마비스도 함께하기로 해서 매일 아침 달리고 있다. 마비스와 함께 도전하고, 성공한다면 앞으로 닥칠 힘든 일도 함께 헤쳐나갈 수 있을 것 같다.

아프리카에서 화장품 파는 여자

요즘 새로운 재미가 생겼다. 메신저로 '아프리카 비즈니스 플랫폼' 오픈 톡을 운영하고 있는데, 방문자가 꽤 는 것이다.

'#아프리카사업, #아프리카비즈니스, #아프리카무역'과 같은 해시태그로 들어온다고 한다. 여태까지는 아프리카에서 사업하는 현지 거주자, 봉사자, 해외 파견 근로자 위주였는데, 요즘에는 개인 사업을 준비하는 사람이 많이 들어온다. 서로 정보를 공유하고, 몰랐던 사업 분야에 대해 알아가는 재미가 있다. 아프리카 사업에 관심을 두고 도전하는 사람을 만나는 것 자체가 즐겁다.

이들이 가장 많이 하는 질문은 "아프리카는 위험하지 않나요?"이다. 딱히 실망스럽지는 않다. 이런 질문 뒤에 본격적으로 사업에 대해 질문하는데, 나도 최대한 많이 답하고 경험을 공유하기 위해 노력하고 있다. 물론 백문이 불여일견이다. 지금은 "꼭 방문해보세요. 직접 시장 조사를 해보는 건 어떠세요?"라고 한다. 귀찮아서가 아니다. 직접 경험해보면 내 말에 백번 이해하고, 공감할 것이다.

아프리카를 꿈꿔보자. 그 어떤 것이라도 좋다. 대자연의 세렝게티, 킬리만자로, 빅토리아 폭포, 희망봉, 테이블마운틴, 에티오피아의 맛있는 커피, 인도양의 잔지바르, 바오밥나무, 사하라사막 등 당신이 경험할 것은 너무나 많다.

나도 직접 경험했기 때문에 아프리카를 꿈꿀 수 있게 되었다.

당신을
행복하게 해줄게요

아프리카 여성들에게 진정한 아름다움과 행복을 주는 사람으로 기억되고 싶다. '아프리카에서 가장 영향력 있는 아시아 여성'을 꿈꾼다면 욕심일까? 아프리카에 도전한 이유는 단순하다. 아프리카 여성들에게 삶의 기본권을 찾아주고 싶었다. 실제로 그들에게 교육받을 기회를 제공하고, 일자리를 창출함으로써 그 가능성을 확신할 수 있었다. 푸라하의 슬로건 'I WILL MAKE YOU FURAHA'. 지금은 내가 외치지만, 5년 뒤에는 그들에게 듣고 싶은 말이다.

꿈이 이루어진다면 눈물을 왈칵 쏟을지도 모르겠다. 내 도전과 노력으로 누군가 행복해질 수 있다면, 더 나은 삶을 살 수 있다면, 그것만으로도 행복할 것이다. 아프리카 여성들에게 사랑을 받는 기업가가 되어 열정과 에너지를 나누고 싶다.

아프리카는 내가 하고 싶은 일을 가능하게 하는 곳이었다. 그리고 내가 스타트업에 뛰어든 것도 행운이라고 생각한다. 나만 할 수 있는 가치 있는 일을 실현할 수 있기 때문이다.

아프리카에 다른 것도 아닌 화장품을 판다니. 무모하고 미련하게 보는 사람도 많았다. 하지만 아프리카에 화장품을 파는 일이야말로 그들의 '있는 그대로의 아름다움'을 일깨우는 일이자, 자립을 돕는 의미 있는 일이 아닐까 싶다.

지금까지의 수익도 모두 CSR 사업과 인프라 구축에 썼다. 가끔은 아르바이트를 해야 할 정도로 남는 게 없지만, 확실한 건 미래의 푸라하를 위한 투자가 될 것이다.

누군가 내게 이런 말을 했다. "사업은 내 돈으로 하는 게 아니야. 남의 돈으로 하는 거야." 나는 그렇게 생각하지 않는다. 물론 정부 지원금으로만 연명하는 스타트업도 많다. 정부 지원금이 없으면 당장 문을 닫을 정도로 어려운 곳도 있다. 또 투자를 받기 위해 투자자들의 입맛에 맞게 사업 방향을 바꾸는 스타트업도 부지기수다.

그러나 내가 생각해낸 소중한 아이디어와 사업 계획이 돈에 의해 변질해도 괜찮은 걸까? 좋은 아이디어로 정부 지원을 받아 인프라를 구축하고, 투자자를 모아 사업을 우직하게 이어간다면 분명 발전하리라 생각한다.

사업은 누가 가르쳐주지 않는다. 참고서도 없고, 과외도 없다. 나도 처음에는 보따리상처럼 무조건 우리나라의 제품을 사다가 아프리카에 가서 팔려고 했다. 하지만 불가능함을 깨닫고 스타트업 교육을 차근차근 밟아나갔다. 그러면서 진짜 내가 하고 싶은 일이 무엇인지 알게 되었다.

2022년에는 아프리카에 '푸라하 뷰티스쿨'을 만들 생각이다. 아프리카의 여성들이 직업을 갖고, 그로써 기본적인 권리를 획득한다면 내 사업의 절반은 성공한 거라 생각한다. 아프리카의 미혼모, 차별과 가난으로 교육받지 못한 여성들을 위해 나는 지금도 열심히 배우고 있다.

사실 나이지리아에는 뷰티 아카데미가 많다. 6개월에 600달러 정도를 내고 교육을 이수하면 메이크업 전문가가 될 수 있다. 하지만 그들에게 600달러는 적은 돈이 아니다. 친인척에게 빌리기도 하고, 내내 아르바이트로 등록금을 모으기도 한다. 또 재료비가 만만치 않아 도중에 그만두는 사람도 많으며, 교육을 이수해도 개인 숍을 낼 때까지는 출장 메이크업 아르바이트를 전전하기도 한다.

나는 이런 현실에 좌절하지 않도록 모든 과정을 무료로 진행할 예정이다. 이미 국내 뷰티 전문가들이 힘을 실어주어, 의지가 있는 여성들에게는 장기 교육 커리큘럼을 제공하고, 자매결연을 통해 단기 교환 수업도 추진할 구체적인 계획을 하고 있다.

2019년에는 나이지리아에서 꼭 해야 할 일이 있다. 바로 '코리아 뷰티 숍'을 내는 일이다. 라고스의 박람회에서 사람들은 '코리아 뷰티'라는 말에 찾아와 꼼꼼히 제품을 테스트해보고, 설명서를 읽었다.

특히, 푸라하의 티트리 마스크팩은 완판이 될 정도였다. 하지만 재구매를 원하는 사람에게는 정확한 답변을 할 수 없었다. 오프라인 매장이 없고, 어느 숍에도 입점해 있지 않기 때문이다. 심지어 유령회사로 보는 사람도 있었다. 현지 에이전시를 통해 해결했지만, 근본적으로는 오프라인 매장을 내야 한다. 현지 반응을 확인했으니, 이제 망설일 필요 없다.

그리고 나와 같은 목표를 가진 업체가 있다면 언제든 협업할 생각이다. 지금까지 협업보다는 경쟁에 익숙한 생활이었지만, 아프리카에서는 그렇지 않다. 함께 상생해 더 좋은 결과를 모의할 필요가 있다.

현재 오프라인 매장을 오픈하기 위해 비싼 임대료와 식약청인증, 제품 선별과 배송까지 진중하게 고민하며 일하고 있다. 지금은 순차적으로 하나씩 해나가는 기쁨에 행복하다.

내 넘치는 에너지를 아프리카에 쏟아붓고 싶다. 흔들림 없이 이 길을 가는 한, 한국과 아프리카의 가교 역할을 해닐 수 있으리라 기대한다. 그리고 한국과 아프리카 무역의 플랫폼이자, 아프리카 여성들의 뷰티 메신저 '푸라하'로 기억되고 싶다.

#Family Business

- 2016.01.27 -

멀리서 나를 보고 해맑은 미소로 뛰어오는 아이들.
처음이 아니라는 듯 자신 있게 포즈를 취하고는,
흔쾌히 사진을 찍어도 된다고 말한다.
사진을 찍고 멋있다고 하자, 더 많은 재주를 부린다.
갑자기 멀리서 한 여자아이가 다가와 외친다.
"제 동생이에요. 사진 찍으셨으니 돈 주세요!"
아뿔싸. 또 걸렸구나.
나는 주머니에 있던 잔돈을 어김없이 내주고 말았다.

#Earth

— 2016.01.29 —

에티오피아 여행은 순전히 다나킬 투어를 위해서였다.
지도에는 아무것도 표시되어 있지 않은데, 과연 여기에 뭐가 있긴 한 걸까?

땀을 뻘뻘 흘리며 도착한 에르타알레 화산.
사막 한가운데에 알록달록한 유황지대가 펼쳐지고,
불빛 하나 없는 어둠 속에서 화산만 타오르고 있었다.
그렇게 나는 매일 다른 행성을 방문했다.

용암이 튄다. 공기와 맞닿아 금세 검은 재로 변해버린다.
타오르고 식는 시간은 헤아릴 수 없을 만큼 순식간이다.
이상하게 무섭지 않다. 넋을 잃고 바라본다.

그나저나 내가 저 타오르는 용암을 다시 볼 날이 있을까?
이번 인생은 참 좋은 생이다.

#Tradition

− 2016.01.02 −

분나는 중독성이 강하다.
팬에 커피콩을 볶고 절구에 빻은 뒤,
제베나에 달여 무척 진하다.

에티오피아에서는 귀한 손님이 오면
'분나 마트라트'라는 커피 세리머니를 한다.
손님은 분나를 석 잔 마셔야 한다.
우애, 평화, 축복을 기원하며.
내가 연거푸 석 잔을 다 마시자,
그들의 입가에 미소가 번진다.

분나와 함께 먹는 설탕 뿌린 팝콘도 별미.
정말이지 너무 달콤하다.

#Meow

– 2016. 02. 10 –

철창에 갇힌 사자가 아니다.
도로 한가운데에 떡하니 자리를 차지한
근엄한 사자 옆을 차들이 비껴간다.
세렝게티에 사는 이 동물들이야말로
축복받은 삶이 아닐까.

야생동물뿐 아니라,
자연이 주는 풍요로움에 마음을 빼앗겼다.
그리고 그 광활함에 넋을 놓아버렸다.
길고양이처럼 앉아 우리를 멍하게 쳐다보는 사자라니.

#Novel

– 2016.02.11 –

내 가방에는 없는 것이 없다.
이 큰 가방 하나면 어디든 갈 수 있을 것 같다.

커다란 가방 때문에
앉으면 일어설 수가 없고, 누우면 몸을 일으킬 수 없었다.
작은 텐트에 들어가야 할 때면 곤욕이다.

한국에서와는 다른 하루하루.
새 신발을 신거나, 새 베개를 베고 잠드는 것 같은
기분 좋은 설렘.

낯선 환경에 적응해가는 이런 내가 새롭다.
내 이야기에 새로운 에피소드가 생겼다.

#Sincerity

− 2017.12.16 −

생활한복을 맞추었다.
손으로 한 땀 한 땀 지은 내 몸에 잘 맞는 옷.

큰맘 먹고 입은 한복은 사업에 도움이 되었다.
한복은 나를 표현하는데 가장 좋은 수단이었으며,
여기에 그들의 장신구를 추가하면 굉장히 좋아했다.

한복은 무척 편안했다. 시원하고 활동하기 좋아 완벽했다.
또, 바이어가 나를 기억하는 데에도 효과가 있었다.
한복의 아름다움과 강렬함을 잊지 못할 것 같다.

수익을 남기는 것만이 아닌,
서로의 문화를 교류하며 상생하는 기업으로 성장하는 것.
그것이 내 스타트업의 목표이다.

#My Prince

— 2017.12.31 —

나를 프린세스라 부르는 단 한 사람, 마비스.
사실 나는 부끄러운 척할 뿐, 매일 들어도 질리지 않는다.
11,923km의 지구 반대편의 사람과 만났기에,
더 소중한 인연이다.

서로의 문화를 알아가고, 서로의 언어를 배우고,
서로의 시간을 공유하는 것은 내게 신비로운 일이다.
우리는 단순한 호기심이 아닌 사랑으로 이어져 있다.

#History

– 2018.01.05 –

검은 모래로 유명한
카메룬 남서쪽 연안의 항구 도시, 림베.
치안이 좋고 깨끗해 관광객들이 휴양하기 좋다.

림베에 머무는 동안, 깨끗한 바다와 출렁이는 파도를 보고는 했다.
검은 모래 때문에 파도마저 검게 보였다.

바닷가에는 '노예 다리'라고 불리는 철골물이 남아 있다.
갑자기 철골물이 슬프게 느껴졌다.
어디로 끌려갈지 모르는 노예들의 모습이 그려진다.
슬픈 역사를 가지기엔 너무 아름다운 바다였다.

#Jackfruit

– 2018. 01. 06 –

진지바르 스파이스 투어 중 가이드가 나무에 올라가
두리안을 따 주었다.
'아, 두리안 못 먹는데. 왜 하필 두리안을 주지?'
알고 보니, 두리안이 아니라 잭푸르트였다.
달고, 부드럽고, 맛있었다.

집에 갈 때도 하나 가져가겠다며,
나를 푸라하라고 소개하자,
그는 환하게 웃으며 "푸라하."라고 외쳤다.

가장 행복했던 순간.
내 마음 깊은 곳에 숨어 있던 복잡한 감정들은
이곳에 자연스럽게 스며들어 사라져버렸다.
모든 것이 자연스러웠고, 흐르는 시간은 아까웠다.
완벽한 행복이었다.

#Opportunity

– 2018.05.22 –

"Personal Invitation – African Banker Awards, 22nd May"

스팸 메일인 줄 알았는데,
한국–아프리카 스타트업 대표로 나를 초대한다니!
오, 마이 갓!

내가 주인공은 아니었지만, 큰 행사에 참여한다는 사실에
감사하고 벅찼다.

사람들과 대화하며 자연스럽게 푸라하의 뷰티 산업을 소개했다.
아프리카 여성들의 사회 진출과,
아프리카의 다양한 산업의 눈부신 성장을 빈다.
초대해주셔서 감사합니다.

#Collaboration

– 2018.10.05 –

1년에 한 번뿐인 코트라 CSR은 너무나 기다려지는 사업이다.
미리 계획을 세워야 사업 공고가 떴을 때 기한 내에 제출할 수 있다.
해당 국가를 분석하고,
그들에게 필요한 것이 무엇인지를 아는 것이 중요하다.
우리는 늘 현지 청년들과 함께 일하고 있다.
프로젝트가 끝나면 며칠 앓아눕지만,
함께하는 매 순간이 나를 빛나게 하는 것 같다.
사회 공헌 활동은 중독성이 있다.
나로 인해 많은 사람이 행복할 수 있다면 멈출 이유가 없다.

아프리카에서
박람회 준비하기

박람회는 제품의 유통 활로를 만드는 데 유용하다. 제품을 바이어에게 소개하고, 바이어는 우수한 제품을 발굴할 수 있는 소중한 장이기도 하다. 하지만 아프리카에서 준비하는 박람회라면 반드시 준비해야 할 것이 있다.

우선 예산은 국내보다 2배 이상은 책정해야 한다. 그리고 준비 기간 또한 넉넉히 잡아야 무리가 없으며, 회사의 인력도 총동

원해야 한다.

중요한 것은 '현지화 마케팅'이다. 현지 트렌드에 맞는 색감과 디자인으로 배너, 현수막, 브로슈어 등을 준비하자. 의자와 테이블 같은 기물도 분위기에 맞게 제작하면 좋다. 문제는 한국에서 준비하면 운송비용이 들고, 현지에서 제작하기에는 마땅치 않다는 것이다. 조금이라도 아끼려다 낭패를 볼 수 있으니 꼼꼼히 따져보는 게 좋다. 적어도 6개월 전부터는 계획을 짜자.

인력 부족도 해결해야 할 과제이다. 나는 현지에서 단기 아르바이트생을 쓰는 식으로 해결하는데, 해당 분야의 동향에 대해 잘 알고, 영어를 쓰는 사람이면 좋다. 이틀 전부터 회사와 제품 소개, 서비스 항목을 간단히 교육한 뒤 현장에 투입하면, 내가 자리를 비워도 일을 척척 해내는 그들을 볼 수 있다.

그리고 '제품의 최종 가격을 제시하지 말 것, 제품에 대해 과장하지 말 것, 명함을 복사하지 말 것' 등 주의사항도 미리 교육해야 실수가 적다.

아프리카에서 화장품 파는 여자

초판 1쇄 인쇄 2019년 4월 29일
초판 1쇄 발행 2019년 5월 10일

지은이 고유영
펴낸이 우세웅
기획총괄 우 민
기획편집 김은지
마케팅 정우진
북디자인 이선영

펴낸곳 슬로디미디어그룹
신고번호 제25100-2017-000035호
신고년월일 2017년 6월 13일
주소 서울특별시 마포구 월드컵북로 400, 서울산업진흥원(문화콘텐츠센터)5층 2호
전화 02)493-7780
팩스 0303)3442-7780
전자우편 wsw2525@gmail.com(원고투고·사업제휴)
홈페이지 slodymedia.modoo.at
블로그 slodymedia.xyz
페이스북.인스타그램 slodymedia

ISBN 979-11-88977-27-7 (13190)
이 도서의 국립중앙도서관 출판예정도서목록(CIP)은 서지정보유통지원시스템 홈페이지(http://seoji.nl.go.kr)와 국가자료공동목록시스템(http://www.nl.go.kr/kolisnet)에서 이용하실 수 있습니다. (CIP제어번호 : CIP2019015450)